山东省教育科学规划课题《指向高阶思维培养的初中语文教学行动研究》课题成果
济南市教育科学规划课题《县区初中语文学科课程体系研究》课题成果

深度学习 走向理想的语文课堂

为未知而学·为深度而导·为育人而教

秦丽◎著

山东城市出版传媒集团·济南出版社

图书在版编目（CIP）数据

深度学习，走向理想的语文课堂 / 秦丽著. —济南：济南出版社，2022. 2

ISBN 978 – 7 – 5488 – 4857 – 8

Ⅰ. ①深… Ⅱ. ①秦… Ⅲ. ①中学语文课—课堂教学—教学研究—初中 Ⅳ. ①G633. 302

中国版本图书馆 CIP 数据核字(2021)第 213195 号

责任编辑 高茜茜 毕姗姗
封面设计 刘 畅

出版发行 济南出版社
地　　址 济南市二环南路 1 号
印　　刷 济南巨丰印刷有限公司
版　　次 2022 年 2 月第 1 版
印　　次 2022 年 3 月第 1 次印刷
成品尺寸 170 毫米 × 240 毫米 16 开
印　　张 15. 5
字　　数 205 千字
定　　价 93. 00 元

为未知而学　为深度而导　为育人而教
——区域初中语文“深度学习”教学改进的实践与思考

党的十八大明确提出“把立德树人作为教育的根本任务”，党的十九大又进一步指出，教育要“落实立德树人根本任务”。2014 年教育部印发的《教育部关于全面深化课程改革　落实立德树人根本任务的意见》（以下简称《意见》）中明确指出，要落实立德树人的根本任务，必须全面深化课程改革。《意见》强调，要“研究制订学生发展核心素养体系”，把核心素养落实到各学科教学中；要激发学校和教师创新育人方式方法，改进学科教学的育人功能。2016 年《中国学生发展核心素养》正式发布，明确了学生应具备的必备品格和关键能力，为把核心素养落实到各学科教学中，落实立德树人根本任务提供了抓手，明确了方向。2014 年 9 月起，教育部基础教育课程教材发展中心组织专家团队，着手研究开发“深度学习”课程教学改进项目，旨在引导广大学校和一线教师在教学理念、教学方式、教学组织方面全方位改进，指导学生进行深度学习，最终实现“培养全面发展的人”的教育目标。

济南市槐荫区初中语文教研教学团队作为一线教研和教学的实施者、践行者，多年来一直坚守以科研促教学的教研方向，从未停止学科教学探索及改进的脚步。紧紧围绕立德树人根本任务及语文学科的课程目标，深化课程改革，不断创新育人方式方法，开展了初中语文学科“深度学习”课程教学改进项目，已先后完成了“学科规范教学”1.0 版和“单元整合背景下学生读写能力提升”2.0 版两项教学改进专项研究，使区域教学改进的步伐稳步走向深处。2018 年 10 月，组建了以槐荫区语文教研员为核心的“槐荫区初中语文学科深度学习工作室”，旨在区域内进行初中语文深度学习的课程改革和教学改进实践探究。该工作室中心成员共10人，均为区域语文学科的骨干教师。他们是深度学习理论的学习者、研究者，是全区学科教学改进项目的先行者、实践者。工作室成员聚焦区域课程教学中的难点和核心问题，合力攻关，边学习、边研究、边实验、边解决，对深度学习的基本理论和实践模型进行了积极探索，提出了适合区域初中语文教学现状的“1+1”课程开发及深度学习的基本实施框架。目前，全区220名语文教师正在围绕实施框架进行教学改进和实践，对基于语文核心素养的单元课程整体建构以及深度学习课堂研究方面做出了很多有益的尝试与探索。

经过一段时间的实践，让工作室成员对基于语文核心素养的单元课程开发和深度学习的课堂改进形成了自己的思考。思考主要集中在什么是语文深度学习、为什么要开展语文深度学习、如何进行单元整体教学建构、如何开展深度学习、区域如何保障学科深度学习的研究与实施等问题。工作室成员还对统编版初中语文教材进行了所有单元的整体架构与深度学习的教学实践。

经过思考与实践探索，工作室成员对深度学习有了自己的认识：深度学习是基于浅层学习基础上的，以学生自主学习为主的深入学习，不仅强调学生的深度思维，更强调对学生基于新时代发展需要大背景下的价值观培育的学习，强调语文核心素养的形成，促进学生的全面发展。通过对单元教学结构进行重新规划，指向学生的语文综合素养的形成，通过课堂教学中对新知和新智的努力追索，让深度学习在课堂上真实发生，努力让以学生为主体的教学理念以及语文核心素养在深度学习的课堂中得以落实。

本书有以下特点：一是以核心素养为指导。以语文核心素养为指导，通过教学改进促进学生价值观、必备品格和关键能力的培养。二是基于教改实践经验。重视并凸显深度学习相关理论在实际教学中的应用。三是面向问题的解决。基于当今语文课堂中普遍存在的问题进行教改实验，切实从教学实际中发现问题、研究问题、解决问题，一切研究以问题为导向，从问题中来，到问题中去。

四是注重实践性和可操作性。书中出现的研究模型、案例解析皆来自一线教学实践，是我们实践后的心得阐述，具有较强的可操作性。

《深度学习，走向理想的语文课堂》一书是济南市槐荫区初中语文学科深度学习课程教学改进项目的阶段性总结，是教学一线研究的点滴成果，虽然不够高深与厚重，却凝聚了这一班语文人多年来的执着、汗水和智慧，见证了我们在追求理想语文教学之路上的努力。本书的出版，既是向教学一线教师们的研究精神致敬，也希望能与兄弟区县和学校语文同人产生一点儿共鸣。

深度学习课程教学改进项目在槐荫区教体局局领导的大力支持下，由区教研员，全区 17 所学校业务领导、教研组长、全体语文教师共同参与，凝聚了大家的辛勤研究、努力付出和积极实践。220 名语文教师，倾情投入到教研和实践中，在自己的课堂上追求理想。语文的共同梦想，这是一种担当精神，也是一种教育情怀。同时，我们还有幸得到济南市初中语文教研员齐好芝老师的悉心指导和鼎力帮助。

“让多数老师上出多数好课”，怀朴素的教育追求，行朴素的研究行为，做朴素的课堂实践，我们一直在努力。囿于水平的局限性，研究与实践的思考和做法难免粗陋，随着教学改进项目的深入开展，我们还会进一步丰富和完善。恳请专家、老师们提出宝贵的意见和建议。

2020 年 11 月 28 日于济南

目录

"深度学习"理论视点

"深度学习"实践课例

『深度学习』理论视点

第一部分

初中语文“深度学习”的提出背景

语文教学理论博大而精深，语文教学方法灵活而多样，语文教学资源庞大而分散，语文教育承载的使命丰厚而多元。作为母语教育，语文教学的宗旨当是“立人以立言”，以培育中华优秀文化传人为本。可以说语文教学关系到学生的人格养成、国家认同、精神建构、文化承传。因此，统编版初中语文教材中增加了中华文化经典篇目的数量，增加了红色革命教育经典篇目的数量，这些都是源头性、基因性的经典篇目。《教育部关于全面深化课程改革　落实立德树人根本任务的意见》中指出，核心素养是学生应具备的适应终身发展和社会发展需要的必备品格和关键能力。从中国学生核心素养到语文学科核心素养，其本质都是为了实现人的全面发展，同时也为课程和教学改革提供了纲要和抓手。

进入新时代，政治、经济、文化、科技快速发展，社会以人们无法预测的速度发生着日新月异的变化。新时代发展呼唤的人才，不再是简单地拥有知识的人，而是能够在复杂环境中灵活运用知识的人。人才培养，教育先行。2014 年，国家以全面深化课程改革作为新时代落实“立德树人”根本任务的标志工程，把培育学生核心素养作为基础教育课程改革的目标。在全国深化教育改革的大形势下，“深度学习”应运而生。槐荫区初中语文学科基于语文核心素养培养的总目标，从本区域学科教学实际需要出发，选择语文“深度学习”这一教学改进实验方向，上承深化教育改革的大背景、大方向，下揽槐荫区区域语文教学的实际问题。这是我们做出的必要和必然选择。

基于对落实语文核心素养的回应

立德树人是教育的本质追求。落实立德树人要求全面深化课程与教学改革，推进关键环节的教学改进，制定学生核心素养并落实到学科教学中去。核心素养是“学生适应终身发展和社会发展需要所必备的品格与关键能力”。它要求学习者不仅要学会知识，还要注重学会知识的方法。核心素养的培养要求改变以往机械、被动、灌输式的教学方式，激发学生学会思考，进而迁移能力，内化为在真实问题情境中解决问题的能力，并伴随着对知识进行创新性的应用和展示。这是将知识内容由表及里、由浅入深的学习过程。2016 年，统编版初中语文教材正式面世，并于 2018 年在全国推广使用。

2017 年，《普通高中语文课程标准（2017 年版）》出台并建构出语文学科核心素养的概念和内涵。语文核心素养包括语言的建构与运用、思维的发展与提升、审美的鉴赏与创造、文化的传承与理解。语文学科是语文基础知识、基本能力、语文素养（语言素养、思维素养、审美素养、文化素养）的综合体现。语文核心素养的提出旨在培养学生适应未来社会发展恒久的、稳固的、综合的能力和品格，其本质是为了实现人的全面发展。语文核心素养的落地生根，要求必须推进语文教学改革，改变以往语文教学多以碎片化的语文知识点为中心，实施灌输式的教学，转而进行引发学生深度学习的教学。因为深度学习强调学习过程的深入、学习程度的深层和学习结果的深刻。学生在深度学习中将知识内容进行扩充和延伸，在语言和思维发展的同时，获得审美和文化的提升，从而有效地落实语文核心素养的形成。由此，语文深度学习教学改进的实践与探索，是以当前课改脉动为节拍、对语文教育落实核心素养的积极回应。

基于对语文教学现实困境的突围

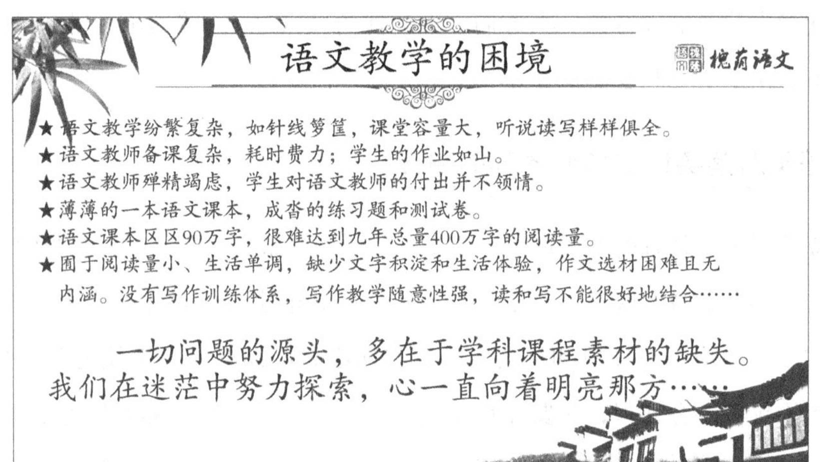

不可否认的是，当前的语文教学在一定程度上存在封闭僵化之弊，且长期存在“少”“慢”“差”“费”的问题。2017 年秋季开学后，我们对全区初一、初二共 4278 名学生和 168 名初中语文教师进行了关于语文学习和语文教学的问卷调查。调查结果见上图所示。

近些年来，在 600 余节课堂观察的基础上，我们认真反思并查找了区域语文教学面临的突出、共性问题，并借用余光中先生的《乡愁》仿写了一首《教愁》，进行通俗且形象的表达。

每学期，语文是一本薄薄的课本，开学在这头，假期在那头。

上课时，语文是几个固定的问题，老师在前头，学生在后头。

写作时，语文是一篇拼凑的文章，课文在外头，宿构在里头。

而考试时，语文是一张纠结的试卷，学过的在这头，考着的在那头。

目前语文教学主要存在如下两大弊病：

其一，课程资源单一无序。由于长期囿于"教教材"的理念，线性模式的课堂教学惯性依然左右着广大语文教师的教学思维和教学行动。许多教师在教学实践中从一篇课文到另一篇课文，一篇一篇孤立地教，对课程和单元目标缺乏深入的认识和统摄，对课文之间的关联缺乏系统的理解和把握。这种未从学科课程层面加以思考和设计的传统单篇教学，呈现出来的常态是：教师一本课本包用一个学期，顺着课文序号，逐一进行2~3个课时的单篇教学，学期末时正好完成课本教学。这种僵化的单篇备课、单篇教学，很容易造成课文教学内容的面面俱到、重复交叉、千篇一律；导致语文与实际生活的割裂、学生阅读量的严重不足和作文教学的无序；令语文学习的知识点分散、无序，教学目标越位或不到位。特别是在统编版教材投入教学使用后，教师对其所渗透的语文核心素养摸不透、落实低效，眼中只有教材而无本应拓展的其他课程资源。

其二，课堂在学生已知处徘徊。自《义务教育语文课程标准（2011年版）》（以下简称《课标》）实施以来，语文课改一直在艰难中前行。一些先进的教学理念得到普及。不少教师的思考与实践为语文课程改革积累了经验，探索出了可行的道路。但正如温儒敏教授所说，"语文教改的成就恐怕不能高估"。作为一线教研员，经过长期的课堂观察，让笔者对温教授的评价心有戚戚焉。笔者常常有一种遗憾：常态的语文课堂，包括一些公开课、评优课，距离《课标》的要求尚存在不小的差距。具体表现在，教师更多地关注课文"写了什么"，即在内容上进行肤浅教学，让学生肤浅学习，本是学生"一望便知"的东西却被当成一节课的教学重点。在文本表面滑行、在学生思维表面滑行、在学生自读已知处滑行的课堂较为普遍地存在。

这种课堂的"肤浅"具体表现在以下两个方面。一是教学内容肤浅。学习活动局限于对知识掌握情况、对文章"写了什么"的梳理，对考试所需基本答题格式的强化，而对文本"为什么这样写"，对深刻读懂作者，拓宽学生思维的深度和广度等方面关注较少。比如教学《散步》一课时就只停留在对课文字面的理解上。妻子贤惠，儿子可爱，母亲慈善，"我"也孝顺，总之一家人的关系很和谐，是充满浓浓亲情的“五好家庭”。这些信息都是学生自读就可知的，可确实有不少教师常常在学生已知的地方徘徊逡巡。正如孙绍振先生所说：“这是在语文课堂上重复学生一望便知的东西。”课堂的效能自然降至最低。二是学习活动形式的肤浅。课改后，我们的语文课堂虽然变得热闹了，但是学生思维层面的肤浅、倾听的肤浅和表达的肤浅在一定程度上还是较为普遍存在的。

语文深度学习强调“为未知而学”“为深度而导”“为育人而教”，致力于突破碎片化教学的困局，突破教学“在文本表面”“在学生已知”滑行的困局，站在学生已知的基础上，引导学生走向未知，走向文本深处。在重视学生感受、理解、欣赏、评价能力的培养的基础上，实现对文本的深度理解，最终实现学生语言、思维、审美、文化素养的形成。

基于语文课程单元整合的需要

《课标》中明确指出：“教师应努力改进课堂教学，加强教学内容的整合，统筹安排教学活动，促进学生语文素养的整体提升。”语文教材在编排上以一个主题为核心，以主题线和语文能力线双线组合，将几十篇经典文本分编在几个单元中。用一个点牵动一个单元进行整合教学，已经成为当前语文人共同研究和实践的课题。打破传统一课一教的教学模式，从单元目标出发，重组、优化单元学习内容；强调“三位一体”阅读，即单篇阅读——群文阅读——整本书阅读；强调“读写配合”，即跟着课本学写作，建构立体多元的读写教学体系，是语文单元整合教学改革的一个重要方向。这种教学模式既遵循学生的语文认知规律，又符合语文教学规律，为学生进行自主学习、合作探究学习提供了更广阔的空间，切实提高了教与学的效能，对于改变语文教学长期以来“耗时低效”的现状、深入培养学生价值观、提升学生语文核心素养意义重大。

“整合导向”作为一种基于整体性教学内涵的教学思想，对于提升“三位一体”课型内部教学目标、教学资源、教学方法等环节要素的整合性和开展教读、自读、课外阅读“三位一体”课型整合教学具有指导意义。随着统编版语文教材的全面投入使用，关于如何正确解读和践行其编写理念、更好地利用教材提升教学质量的研究一直是我们的工作重心。“三位一体”课型整合教学具有阅读教学精准化、阅读范围全面化、文本类型多样化、阅读能力提升化和语文知识体系化的特点，它有利于解决当下语文教学中存在的“课型不清、教法不明”的问题；强调由单篇阅读到更多同类文章或整部作品阅读的拓展，更好地起到了举一反三的作用。分课型教学，是指“整合导向”理念下科学分类实施初中语文教读课教学策略、自读课教学策略、课外阅读指导策略。教读课的教学要践行“给方法”的理念，发挥导语和习题等助读系统的作用，引入比较法阅读文本，开展语文要素层进性训练，注重阅读方法的习得。自读课的教学要落实“练方法”的理念，凸显提示和旁批的作用，训练学生批注能力，发挥导学案的作用，聚焦阅读方法的应用。课外阅读教学要落实“验证方法”的理念，开展同主题文本拓展阅读活动、阅读与积累相结合，课内外联动教学，切实提高阅读质量。

经过几年的努力探索，我们确定了“1+1”课程及深度学习的课改方向。需要说明的是，此处的课程是狭义的课程，指语文这门学科，“1+1”课程是指在语文学科内部、单元统整后各课的架构。实施“1+1”单元课程开发，就是对教材中的单元内选文进行分类、价值判断，开发教材外的拓展课程资源，将课内外课程资源进行整合、再分类，据此形成“1+1”的课程资源和课程架构。具体来讲，即教师教学每个单元时用大约一半的时间整合学习课内文本，实施教读“教方法”和自读文本“练方法”的教学；用另一半时间开设阅读课和写作课，进行单元群文阅读及整本书阅读，进行采风取材——选材构思——初稿写作——修改提升的单元写作全过程教学。这样的“1+1”课程，能让单一课程走向多元课程，促进学生的语文素养得到提升。

"1+1"课程的实施					
周　次	第一课时	第二课时	第三课时	第四课时	第六课时
第一周	单元讲读课文（一）	单元讲读课文（二）	单元讲读课文（三）	单元自读课	名著阅读课
第二周	单元群文阅读课	作文指导课+作文写作课（指导并当堂写作）		单元复习课	名著交流课

这样的单元整合教学，必然要求学生转变学习方式，而深度学习正满足了这一需求。

语文课程单元整合遵循的三大原则决定了学生只能且必须进行深度学习。

（一）原则一：大整与小合

整合一个单元的文章应遵从的一个基本原则就是"大整小合"。"大整"即从单元文本中提取出大的主题和语文能力目标；"小合"即对某几篇有写作共同点的文本进行"合并同类"。

依据《课标》，立足学科本身的教育价值，我们可以将语文学科的核心素养进行分解、梳理和提炼，确定学生应遵循语文经验和人生经验两个成长维度，最终形成"一手好字、一肚子名篇佳作、一笔好文章、一副好口才、一颗阳光向上的心"的五好素养。

下面，以统编版语文教材七年级下册第一单元为例进行单元统整建构的阐述。七年级下册第一单元的主题是名人故事，引导学生感受名人风采。选文涉及科学家、军事家、政治家、艺术家等。诚如梁启超所言，读人物传记，最能激发人之志气，增长应事接物之智慧。对于初一学生而言，了解这些杰出人物的经历，认识他们做出的贡献，感受他们的高尚品格，学习他们的精神气象，是非常有益的。通过"大整小合"的原则确定本单元的学习主题为"偶像"，分析各篇文本蕴含的要素进行梳理如下图。

课　文	主要内容及人物事迹	人物非凡气质	文章语言特色
《邓稼先》	研制“两弹”，贡献巨大	“中国几千年传统文化所孕育出来的有最高奉献精神的儿子”	饱含民族深情 长短句交错抒情
《说和做：记闻一多先生的言行片段》 【教读课】	“做了再说，做了不说”的学者、“说了就做”的革命家	民族英雄气概 严谨刻苦治学 统一于澎湃的爱国热情	细节中展现精神 诗一样语言抒情
《回忆鲁迅先生》 【自读课】	饮食起居、待人接物、读书写作、休闲娱乐的生活片段	深邃的思想及情谊深厚的长者风范	实事求是地刻画 细节中融入真情
《孙权劝学》 【教读课】	孙权劝学，吕蒙就学 吕蒙惊叹，结友而别	善劝与善学 典籍的“大有所益”	语气词中呈现人物形象
单元作文： 写出人物精神	如何选取能反映人物精神的写作素材；如何写出人物精神。		

通览文本，同中求异，异中求同。立足学生需求达成双重提升的目标上，即人生经验提升、语文经验提升（含阅读和写作），以整合思维准确定位单元学习目标是单元备课重中之重的环节。本单元的教学目标可以分项表述如下：

1. 人生经验提升：了解课文涉及杰出人物的成就和襟怀，把握思想内涵。

2. 阅读经验提升：①关注牵动全篇的关键语句和段落，品味含义和作用；②通过对细节描写的分析，把握人物精神。

3. 写作经验提升：学习选取能反映人物精神的写作素材写出人物精神。

本单元的课文侧重“例文”的教学类型，突出读写结合。要把阅读教学与“写出人物精神”的写作教学结合起来。阅读课上的学习重点就是写作的重点，围绕人物描写，做到读中有写、写中有读。

教学目标是课堂教与学的指路明灯，单元目标的精准落地还需各课时教学的强力支撑。因此，单元目标的课时化分解就显得尤为重要。实施有效能的集体备课，就需要先对单元进行整体解读和架构。一个单元里的各篇课文“和而不同”，可以用“各美其美”“美美与共”来形容。准确解读文本，发现每一篇课文独有的学习价值，才能实现“一课一得”“得得相加”，最终达成单元目标。

基于单元教学目标，为落实“三位一体阅读”“读写结合”的教学理念，实施“1+1”单元课程设置，我们为本单元两个教学周的课时做出整体建构。

周　次	第一课时	第二课时	第三课时	第四课时	第五课时
第一周	《开学第一课》	讲读课：《邓稼先》	讲读课：《说和做：记闻一多先生的言行片段》	自读课：《回忆鲁迅先生》	讲读课：《孙权劝学》
第二周	单元群文阅读课	《骆驼祥子》名著导读课	《写出人物精神》作文指导课	《写出人物精神》写作课	单元复习课

单元课时中，讲读课《邓稼先》，讲读课《说和做：记闻一多先生的言行片段》，自读课《回忆鲁迅先生》，文言文《孙权劝学》，各占一课时；“三位一体”阅读课中，单元群文阅读课占一课时，整本书名著阅读《骆驼祥子》导读课占一课时；单元作文指导课《写出人物精神》和当堂写作课各一课时；单元收口复习课一课时。这样的课时安排合理有序，体现课内课外有机结合，读写结合，课型丰富，利于全面落实语文核心素养。

完成这样大整小合后的单元教学目标和课程内容学习，需要学生进行理解、应用、分析、创造等积极的学习活动，即学生需进行深度学习。

（二）原则二：阅读与写作

《课标》要求学生学会表达。语言的建构与运用是语文核心素养的首要内容。基于此，我们提出第二个单元整合原则——读写整合，即把适合写作临摹的文本同时当成帮助学生阅读能力提升和写作能力提升的范例。我们以往几乎把教材里所有的选文均当成定篇来处理，把阅读教学全部的目标和力量都放在读懂作者上，即读懂作者写了什么、为什么写，遣词造句有多么好。很少把某篇文章当成学生写作这一类话题作文的范例。以至于一篇篇课文学过之后，学生最多只记得课文写了什么，里面有几个词、几个句子用得很妙。至于让学生写作同题材的文章，那还是一个“欲辨已忘言”的“写不了”。我们的很多课文没有发挥出像理科例题般的作用。日常教学的常态是，阅读是阅读，写作是写作，在课堂上往往是“两张皮”。写作能力的提升，没有在阅读教学中获得应有的支撑。学生的写作能力总是停留在原生态水平，读再多的课文，写作能力也鲜见有效提升。

值得注意的是，读写整合，把课文当范例来教，并非肢解课文或完全进行写法分析，而是把对课文文脉的理解、语言赏析的落脚点放在写作方法的总结提升上，让学生关注写作的方法，例如如何描写细节、如何构思谋篇、如何展现心理、如何抒发情感、如何写散文等，在写作能力提升上收获实实在在的“干货”。

关于单篇文本的学习重点，我们也可以用“人生经验”“语文经验”进行分项表述，发现文本独有和学生所需，以确定学习目标。在准确定位目标之下，设计有效的学习环节，拾级而上达成目标，是我们语文深度学习课堂实施较为简单易行的路径。为实现读写整合，我们还可以把语文经验分为阅读经验和写作经验进行表述，更有利于目标的清晰化。针对本单元每篇文章我们可以进行如下目标解析。

课　文	阅读经验	人生经验	写作经验
《邓稼先》	学会找关键句段 （1）小标题把握内容 （2）评价性语句把握精神	传统文化的孕育 民族精神的涵养	（1）评价性语句彰显精神 （2）长短句结合恰当抒情
《说和做：记闻一多先生的言行片段》	（1）总起—过渡—总结结构作用 （2）细节描写彰显人物精神	无私无畏的勇敢 刻苦治学的态度 执着爱国的热情	细节描写展现人物精神

（续表）

课　文	阅读经验	人生经验	写作经验
《回忆鲁迅先生》	(1) 借助旁批进行阅读思考 (2) 形散神聚源于暗线明晰	伟大来自平凡	最普通的细节中蕴含精神 抓住习惯性言行彰显精神
《孙权劝学》	(1) 借助注释和工具书疏通文义 (2) 把握语气词，感受人物精神 (3) "拜母"及称呼中的传统文化	善劝与善学 典籍中的智慧	如何传神地写人物语言
写出人物精神	1. 选材——真实可感、印象深刻、占据心灵（多件事写人） 2. 表达——细节中彰显精神、评价语点睛精神、对比衬托凸显精神 参考作文题目《其实不平凡》		

每个课时的学习目标清晰了，文本价值方向就相对统一了，就可确保宏观上教学方向的准确。教学设计的重心就可以放在从学生预习起点到目标终点的路径和方式的策划上。如，本单元写作教学目标是“写出人物精神”，这就需要学生根据自己已有的写作知识，运用所学写作经验进行创新，即进行深度学习。

（三）原则三：课内与课外

学生仅阅读一个单元的三五篇课文显然是远远不够的。“三位一体”阅读要求教师围绕单元目标为学生课外再选择几篇名家的同题材作品，作为课文阅读的有益补充。读同主题课外文本，能够进一步开阔学生视野，提供更多同题材写作的方案、更丰富的语言表达及语言风格的范例。所以用好课外阅读材料，让学生“多拜几位名师”学写作，可以博采众家之长，有效培养学生语言的建构与运用素养。课外拓展的名家作品中值得全篇借鉴文脉结构的，可引导学生借鉴结构；值得学习细节描写的，可引导学生学习描写，哪怕只有几个句子写得特别出彩、特别有神韵，也可以引导学生学着这样去表达。总之，作文能力的提升，在于有目的、有侧重、有指导、有思考地阅读，这样的阅读才是高质量的阅读。

要写好文章，还应该让学生在生活中收集素材。读文章更多的是纸上谈兵，跟着名家学写作，也只是学着画“图纸”。这就好比要建造房子，有了好的“结构图纸”，关键还要备好“建筑材料”。要去生活中撷取鲜活的、有意义的素材。这又好比要做出一道美味佳肴，只把大师的菜谱看会了、记住了还不行，还要到市场上、田地里去亲自购买或采摘新鲜的食材。“鲜活的素材”+“大师的菜谱”，才能烹饪出可口的“大餐”。这种富有创造性的学习过程，必是深度学习。

语文核心素养引领下的整合教学实践，验证了深度学习确实是落实学生语文核心素养的有效课堂学习，基于深度学习的教学更有效地促进了学生的全面发展。同时，这种教学改进也促进了学生的深度学习。两年多的课题项目实验研究，也激发了教师的创造性、思考力，促进了学科课程改革与发展。具体收获如下：

一是学生层面。课程整合实现了学生的大量阅读、学用结合、知行合一、文道合一。赏析——临摹——仿写循序渐进的引导，让学生面对优秀作品不再“临渊羡鱼”，而是更多地学会“退而结网”。课堂教学也不再多是对学生一望便知内容的覆盖，更多的是在关键处、疑惑处、未知处、写作难点上的智慧点拨。

二是教师层面。课程整合打破了教师多年的思维定式，一扫多年的教学倦怠，提升了教师的课程智慧，使之成为课程设计者、实施者、管理者，促进了教师专业化发展。学生真实的学习和真实的成长、学生笔下流淌出的好文章，慢慢提升了教师的职业幸福感。

三是课程价值层面。课程资源的重构整合，使课程更具系统性、地域性和实用性。课程的整合在一定程度上解决了多年来读写“两张皮”的教学难题，解决了学生写作无教材、无主题的困惑。我们把与主题相关的内容和生活资源有序地整合到语文教学中，看似在做加法，实质起到了乘法的效果。

第二部分

初中语文“深度学习”的内涵特征

深度学习是相对浅层学习而言的一种基于高阶思维发展的理解性学习，具有注重内容整合、促进知识构建、注重批判思维、着重迁移运用等特征。

美国心理学家布鲁姆将认知领域的学习目标由低到高分为“识记——理解——应用——分析——评估——创造”六个层次。

国内教育界比较普遍的看法是，深度学习是指在教师引领下，学生围绕具有挑战性的学习主题，全身心积极参与、体验成功、获得发展的有意义的学习过程。

深度学习是当下教育界关注的热点。目前主要存在三种学说：国内学者何玲、黎加厚认为，深度学习是在理解的基础上，学习者能够批判性地学习新思想和事实，并将它们融入原有认知结构中，能够在众多思想间进行联系，并能将已有的知识迁移到新的情境中，做出决策和解决问题的学习，是一种与浅层学习相对的学习方式。美国国家研究委员会认为，深度学习是个体将学习的知识从一种情境应用到另一种新的情境的过程，即迁移。美国教育学家威廉认为，深度学习是学生胜任21世纪工作和公民生活必须具备的能力，这些能力可以让学生灵活地掌握和理解学科知识，以及应用这些知识去解决课堂和未来工作中的问题，主要包括掌握核心学科知识、批判性思维和复杂问题解决、团队合作、有效沟通、学会学习、形成毅力六个维度的基本能力。学习方式说、学习过程说和学习结果说代表了深度学习研究发展的不同阶段，都强调了深度学习是面向真实情境的学习，并都注重引导学习者进行批判性的高阶思维、主动的知识建构、有效的迁移应用及真实问题的解决，进而发展问题解决、批判性思维、创造性思维、元认知等高阶能力。

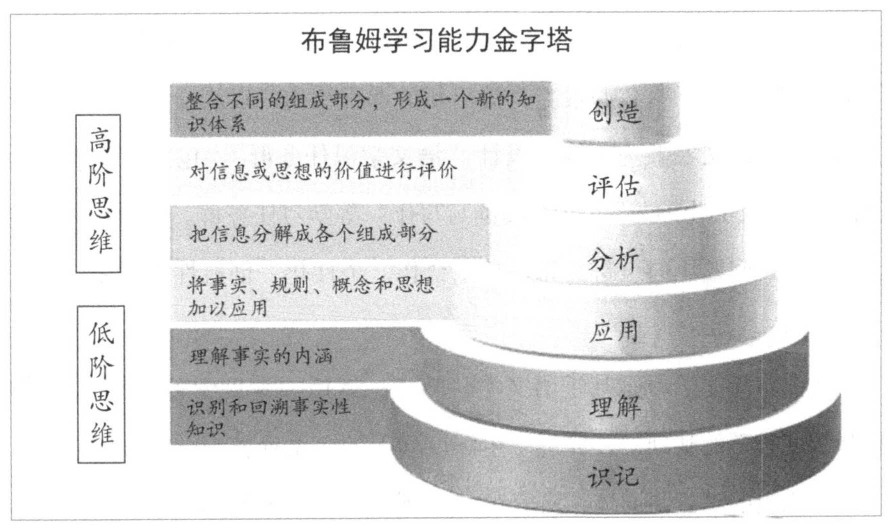

语文浅层学习多只停留在对学习内容的机械记忆与简单理解、运用上，深度学习则是在浅层学习的基础上，通过适切的学习方式对学习内容进行系统梳理和批判性理解，同时注重基于不同情境的言语实践，有效培养学生语言文字运用能力。

在语文深度学习中，注重基于语文经验进行深度学习内容的提取，强调学生通过主动参与学会学习，并因此改变学生的言语行为及行为潜能。

《现代汉语词典（第7版）》中对“深度”的解释为：①深浅的程度，向下或向里的距离；③事物向更高阶段发展的程度；②（工作、认识）触及事物本质的程度；④属性词，程度很深的。从解释中可见，“深度”是一个空间立体的概念，由“方向”和“程度”两部分构成。

语文深度学习中的“深度”是指以学生原有的语文知识结构为基础，结合语文学习内容与学生的语言发展需求，学习内容指向的确定与学习目标所达到的深入程度。

要明确语文学习的“深度”，需要从两个方面进行：明确深度学习的内容指向，清晰学习目标所达到的程度。

新一轮高中课改中，修订后的高中语文《课标》从学科育人价值的角度，凝练了“语言建构和运用”“思维发展和提升”“审美鉴赏与创造”“文化理解和传承”四个方面学科核心素养；提出新的课程结构，以语文学科核心素养为纲，以学生的语文实践为主线，设计“语文学习任务群”，包括“整本书阅读与研讨”“当代文化参与”“文学阅读与写作”等学习任务群。学习任务群的设置，充分顾及问题导向、跨文化、自主合作、个性化、创造性等因素，关注语言文字运用。

语文课堂深度学习是基于语文学科特点，运用“深度学习”理念和策略，在教师深度教学的基础上，促进学生深度学习的一系列教与学的方式。也就是通过创建积极的学习共同体，培育存在“倾听关系”的课堂氛围，激发学生深度表达的欲望和能力，在问题引领下，以丰富的、结构化的语文学习活动，引导学生深度参与，在实现对文本的深度理解的过程中，拓展思维空间，发展思维能力、理解能力和迁移能力，不断提升学生的阅读和写作素养。

语文课堂深度学习与浅层学习的区别

基于对内涵的理解，语文课堂深度学习和浅层学习在学习目标、学习内容、学习方式等方面都存在着明显差异，具体见下表。

	语文课堂深度学习	语文课堂浅层学习
学习目标	学习目标明确、集中，指向核心素养	学习目标不清晰、不集中
学习内容	学生不理解或理解不深的内容	学生已理解或初步理解的内容
学习方式	自主学习、合作学习，以“体知”为主	听教师讲解，以“告知”为主
参与深度	主动学习、主动参与。能积极倾听教师和同伴的表达；能倾听不同观点之间的区别与联系；能用一段话表达自己独特的感受和理解	被动参与。以别人的观念或集体讨论代替自己的观点；表达不主动；多用一个词或一个简单句子表达
学习活动	丰富而结构化的活动	单一、零碎，有时甚至游离于课文
反思状态	逐层加深对文本的理解，有批判性思维	机械训练，理解平面化
学习结果	多角度阅读，在初始阅读体验基础上有更深刻的理解	模式化解读，基本停留在初始体验上

避免深度学习误区，探求深度学习真谛

新一轮语文课堂改革高度关注“深度学习”这一学习方式。然而在实际教学过程中，一些表面看似深度学习的课堂，却因为过分追求学生的深度学习，反而成了形式。教师头脑中存在着一些认识的误区。

文本深挖，就是深度学习？语文教学过程中，强调教师个人对文本解读必须要有深度，但教师对文本的挖掘与拓展是否有必要，要看其是否超出《课标》的要求及是否符合学生的认知规律。如果大大超出学生的认知范畴，学生的思维反而会处于“休眠”状态。有深度的语文课，在解读文本“思接千载，视通万里”时，一定将“思”的种子落在学生可以接受并不断成长的肥沃土壤上。

课堂容量很大，就是深度学习？笔者常常听到一些课，教师设计七八个教学环节，从字词积累、文脉梳理、字句赏析、情感体验到文章写法，不一而足，一应俱全。但在这种课堂上，大多数教师带着学生走马观花，对每一个教学目

标只能是浅尝辄止。此外，课堂容量增大还体现在大量拓展课外材料上。不少教师认为，深度学习需要拔高学生的认知，需要跳出文本，多补充些材料，这样学生才能学得更深、更广。殊不知，这样一味地“添枝加叶”，会冲淡学生对主干的认知。深度学习的课堂，理应是一节大容量的课堂，但不是容量越大，学习就越深刻。与容量大相对应的，有深度的课堂必须是简约的课堂。只有这样学生才能在单位时间内充分而深刻地展开语文学习活动，围绕简约的教学目标具体地深究文本。

学生发言热烈，就是深度学习？深度学习的课堂特征之一就是学生思维活跃，能积极主动参与，能认真倾听同学的发言和教师的点拨。激励学生大胆、自信地在课堂上表达是深度参与的有效形式，也是深度学习的显性表现方式。然而，并非课堂发言踊跃就是深度学习。基于深度学习的发言，就内容而言，是既有观点也有分析的。深度表达还表现为一种“基于倾听的表达”。经过深度学习的学生的表达不是不顾其他同学发言的自说自话，而是在深度参与中认真倾听，并展示自己对文本的独特理解。

语文课堂深度学习的主要特征及基本条件

一是有丰富的、有意义的语文学习活动。深度学习既关注学生的学习过程，也关注教师的教学活动，以学习活动为基点研究教学活动，强调以学生为中心、以学习为导向，要求教师通过丰富的、有意义的语文学习活动培养学生的读写能力及语文素养。作为一门“学习语言文字运用的综合性、实践性课程”，语文学习活动本身就应该是丰富的。听说读写都是活动，诵读活动、思维活动、讨论活动等也是活动。有意义的语文活动应该是“更有结构、更完整”的。它可以突破文本理解的障碍，实现对文本的深度理解；可以突破学生的思维障碍，将课堂教学不断推向深入。

二是有高质量的问题驱动。所谓高质量的问题，是指能引发丰富的、结构化的语文学习活动的问题，而不是几乎不需思维活动、不用深入文本就能得到答案的问题，也不是一问便“异口同声”回答的问题。高质量的问题还指能引发高阶思维的问题。高阶思维是发生在较高认知水平上的心智活动或较高层次的认知能力，在教育目标分类中表现为分析、综合、评价、创造等能力，即《课标》中要求的“重视培养学生的创新精神和实践能力”“注重培养感受、理解、欣赏和评价能力”。深度学习的实现与高阶思维的运用及发展密切相关。高阶思维是实现深度学习的关键，发展高阶思维能力有助于实现和促进深度学习。

三是有深度参与的学习。深度学习者通常具有内在的学习动机、积极主动的学习态度和强烈的学习兴趣，能主动地参与到学习中来，能积极地与同学及教师互动和交流。深度参与是深度学习的前提和保障。每一个学生都会根据自己对文本的理解进行学习。以学习为基点的课堂，首要任务是倾听他人的观点，在倾听的基础上，他人的观念如同火花能点燃自己更精彩的观念，这便是参与的价值。因此，深度参与追求的不是“发言热闹的课堂”，而是“用心倾听的课堂”。在课堂中，大家安心地、轻松自如地构筑一种信任关系。在这种关系中，即使拿不出自己的意见来，每个人的存在也能够得到大家自觉的尊重，得到承认。

四是有深度表达的学习。大胆、自信地在课堂表达既是学生深度参与的有效形式，也是深度学习显性的表现方式。

所谓深度，在表达的形式上不是一个词或一个简单句，而是一段话、一个相对完整的句群；在表达的内容上，不只有观点，还应有分析，有依据，有逻辑。深度表达是“基于倾听的表达”。这种表达，不是不顾同伴发言的自说自话，而是在深度参与后，认真聆听每位同学的发言并学习，或展示自己对问题和文本的理解，或解释同伴的困惑，或提出探究的问题，呈现的是合作学习的成果。

五是有对文本深度理解的学习。语文深度学习的目的很多，但其中最重要的是要突破课堂教学“在文本表面滑行”的困局，实现对文本的深度理解。甚至可以说，其他的目的，如拓展思维空间、发展思维能力、迁移能力等，都是在对文本深度理解的过程中实现的。当然，深度学习不是难度学习，不是一味追求对文本的深刻理解。深度学习是适切的，适切学生的认知特点，适切文本特点，因此深度是有差异要求的。深度还是发展的、渐进的，因此深度学习的能力呈现出发展的特点。

深度学习的重要理论支撑是建构主义学习理论。因为学生不是空着脑袋进教室的，所以我们的教学当是知而不教，教在学生不知处。以学生的不知为起点，基于文本价值，按照学生认知规律引导学生向更广、更深处挖掘、迁移。所以，教师应珍视并尊重学生的初读，以此来确定学生的已知、未知和想知，进而确定教学的起点和终点，期待学生令人振奋的生成。

深度学习与语文核心素养都注重三维目标的整合，注重真实情境中学生的主动学习与构建，注重问题解决与高阶思维等能力的培养。由此可见，基于核心素养的语文教学，应着力探索深度学习的方式，引领学生经历深度学习过程，培养学生深度学习的能力。

第三部分

初中语文“深度学习”的实施策略

教师实施“深度学习”的教学策略

我们常态语文课堂上，确实存在于学生“一望便知”处来回逡巡的现象。下图所示为“浅层学习”与“深度学习”课堂差异性模型。

母语学习对所有学生而言都不会是“零起点”进课堂的。学生通过预习和初读，一定会有自己的阅读体验和感悟。

以学习《走一步，再走一步》为例，学生通过认真预习，能比较清晰地理解和把握课文中的“经历线”，即“我”不想冒险——在小伙伴的嘲讽中手脚并用爬悬崖——小伙伴下了悬崖把“我”一个人留在悬崖上——父亲用手电筒的光指引“我”勇敢迈出第一步——“我”在父亲的鼓励和引导下一步步成功爬下了悬崖。对于本文的“思考”，即最后一段所阐述的哲理，学生也能产生较清晰的理解。如果课堂还是从“零起点”开始，依然用大量时间梳理“经历线”和“思考”，即感知文脉和主题，势必会造成“重复

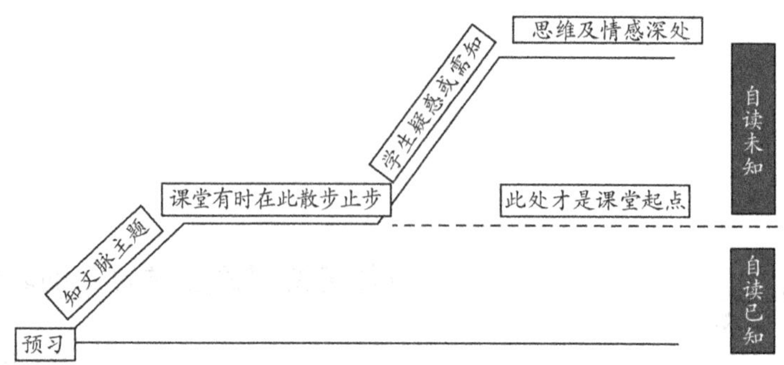

性”学习和“已知性”学习。如果在一节课的教学中教师没有使用深度学习的教学策略，仅从“写了什么”“为什么写”的浅层角度带领学生进行解析，课堂止步于此，这种学习势必是肤浅的，与深度学习相距甚远；学生的收获与成长必然是极其有限的。教师若使用深度学习的教学策略，在备课中应首先思考和预设学生的已知即“在哪里”，进而思考学生的未知即“到哪里”。

还是以课文《走一步，再走一步》为例，教师应把学生预习已知的作为课堂的起点。教师在备课中应首先思考和预知学生“在哪里”，进而思考学生需要“到哪里”。学生已知的是“经历线”和“思考”，而在阅读中可能忽略的、需要获得新知的是“情感线”。在这篇课文中，与“经历线”同步并行的“情感线”是文中一大要素和写作特色。作为作家和心理学家的莫顿·亨特，用多角度的描写、丰富的文字描写了自己的心路历程：冒险前的“犹豫”——被嘲笑后被动冒险的“无奈”——爬悬崖时的“紧张”“恐惧”——一个人被扔在悬崖上“害怕到恍惚”——在爸爸的鼓励下勇敢迈出第一小步后“有了自信”——一步步成功走下悬崖后“巨大的成就感和骄傲”。“情感线”的浓墨重彩虽是本文的一大特色，却也是学生容易忽略的新知。直接描写心理、动作描写展现心理、环境描写反映心理等文中如此丰富多元的心理描写，确实是学生需要以此为范本进行学习的。此外，作者如何通过“悬崖上的那一课”获得“走一步，再走一步”这一普适生活哲理也是学生需要提升思维深度和表达深度才能理解的。

其实每一篇课文都如一颗璀璨的钻石，正对着我们的一面是“写什么”“为什么写”。因为这一面一望便知、光芒夺目，我们总会长久驻足观赏。其实，我们更应该把它捧起，换一个侧面进行多角度欣赏，比如“怎么写的”“为什么这样写”。这样，在有深度学习发生的课堂中，我们会和学生一起发现更璀璨的文字和精神的光芒。

根据语文学科的特征，我们认为，基于深度学习的语文课堂教学改进，就是指在深度学习相关理论的指导下改进课堂教学方法，引导学生实现语文的深度学习。所谓语文深度学习，就是指在教师的引领下，学生围绕高质量的问题，在丰富的、有意义的语文学习活动过程中，师生双方深度倾听、深度表达，实现对文本的深刻理解、深度感悟，从而获得语文素养和思维素养深度发展的学习过程。深度学习是教学理念，是教学原则和策略，也是学习的结果，更是初中语文课堂教学改进的方向。

面对深度学习发生的诸多条件、原则、策略和方法，特别是复杂的语文课堂实际情况，我们以主要矛盾的方法论为指导，需要做好化难为易、化繁就简的处理，最终确立课堂教学改进的主要问题和解决策略。经过为期几年不间断的探索，特别是近一两年对统编版初中语文教材各单元深度学习理念下“1 + 1”课程开发和实施的研究实践，我们一边进行案例分析，一边提炼设计初中语文深度学习的教学设计范式，探索普适性强、操作简单、便于改进、易于学习的指向深度学习的语文教学策略。

语文深度学习首先是基于单元统整建构的学习。在具体教学实施时，教师需要先通览单元全部文本，同中求异，异中求同，以培育学生语文核心素养，达成双重经验提升［即人生经验提升、语文经验提升（含阅读和写作）］为目标，以整合思维、准确定位单元学习目标作为单元教学重中之重的环节。如何确定单元学习目标，用图例表示如下。

单元·目标·起点

目标确定原则	目标表述角度
提取单元文本共性 紧扣主题/能力双线	1. 人生经验——指向一类价值观的生长
	2. 阅读经验——指向一类阅读能力的生长
	3. 写作经验——指向一类写作能力的生长

以七下第一单元为例，紧扣主题和能力双线，提取各篇文本共性要素，将单元“人生经验”目标确定为：感受名人伟人精神，树立正确“偶像观”，激发志向与追求；“阅读经验”目标确定为：学习精读，深入文章关键语句或段落，品味其深意；“写作经验”目标确定为：学习写出人物精神。这些都是“一类”目标，这个目标要到每一篇文本中去具体分解与承担。例如人生经验中树立正确“偶像观”一点，《邓稼先》承担的目标是爱国与奉献；《说和做——记闻一多先生言行片段》承担的是爱国与坚毅；《回忆鲁迅先生》承担的是“孺子牛”与“拓荒牛”的精神等。“阅读经验”方面：《邓稼先》的关键语句指的是小标题和评论性语句；《说和做——记闻一多先生言行片段》指的是典型镜头；《回忆鲁迅先生》指的是标志性动作和典型镜头。“写作经验”方面：写出人物精神，各篇课文重点品读的关键处正是写出人物精神的核心要义；小标题、画龙点睛式的评论性语句、典型镜头的描写、抓人物标志性动作等，都是写出人物精神的具体方法。

所以，单元目标的三个纬度应该准确地指向“一类”能力的提升，这是单元教学的统帅。只有将之确定精准，才能保证单元教学大方向的无偏差，才能保证各篇文本目标分担有有力支撑。

单元目标确定之后，需要进而对单元学习进行整体建构。按照统编版语文教材“三位一体”阅读和“读写配合”两大理念进行单元教学建构，可以实施基于深度学习理念下的“1+1”单元教学。用图例表示如下。

“1+1”·课时·建构

周　次	第一课时	第二课时	第三课时	第四课时	第五课时
第一周	讲读课文（一）	讲读课文（二）	讲读课文（三）	自读课（一）	名著阅读（导读）课
第二周	单元群文拓展阅读课	作文指导课+当堂写作课（作文讲评课+作文修改课）		单元复习课	名著阅读课

单元统整与架构是实现结构化教学的必要环节，是落实单元目标、实施单元教学的重要方案。它是在单元统整与架构的基础上，进行每个课时深度学习的课堂设计。

对于母语学科，学生不是、也不应该空着脑子进课堂。否则，本应走向深处的课堂会因为学生的零起点而半途而废。所以教师要务必重视和珍视学生的初读感知，规范学生的预习。如何引导学生进行有效预习，用图例表示如下。

课前·预习·起点

范围确定	项目设置	效果检查
独立阅读学力所达	1.（标段序）带着思考任务，朗读、默读各一遍【读】 标经历、情感关键词，完成内容文脉梳理性问题【理】	1. 课前巡视完成情况 2. 课堂的前十分钟内有重点地提问及提升
	2. 查字典积累字词、识记文化文学常识【记】	
	3. 初步关注和赏析文中关键语言赏析点【赏】	
	4. 提出自己的存疑【问】	

学生在自主阅读中获得的原初体验，包括感受、理解、遇到的障碍以及产生的疑问等，对于确定教学内容、明确教学起点、与学生形成有效沟通至关重要。所以教师必须精心设计预习学案，引导学生进行更有效的初读。

一篇课文到底应该教什么，不同的教师会有不同的经验和见解。面对这个特别常态的问题，我们是否应该进一步思考或追问另一个问题——为什么认为“该教这些”而“不教那些”？深度学习的课堂应该教什么？教学内容到底取决于什么？

单篇文本的学习，具体分解和承担着单元总体目标的实现，是学生生长最直接的场域。起点已知，终点何在？我们不能根据教师个人的理解实施千人千面的教学。一篇文本到底教什么，不是取决于教师的主观喜好，而是客观存在在那里的，并不以个人意志为转移。

一篇文本的教学目标一般取决于两点：一是课文独有，二是学生所需。这两点都是客观存在的。遵照学习目标确定的基本原则，我们可以清晰地按三个维度进行表述：第一是人生经验；第二是阅读经验；第三是写作经验。用图例表示如下。

单元 · 目标 · 终点

目标确定原则	目标表述角度
分担单元整体目标	1. 人生经验——指向一种价值观的生长
紧扣文本独有价值	2. 阅读经验——指向一种阅读能力的生长
紧扣学生成长所需	3. 写作经验——指向一种写作能力的生长

在深入进行各单元案例研究的基础上，我们明晰了实现语文课堂深度学习的基本策略。

（一）语文深度学习课堂教学策略之一：教学功能上的一个“核心”

语文课堂教学以阅读理解为主要样态。什么是阅读理解？阅读的核心是理解。美国阅读研究专家詹姆斯指出：“阅读和理解之间的区别仅仅是语意上的区别，因为没有理解，阅读就只是在追随书页上的记号。”学习阅读，实际上是学习如何理解语篇，即如何与文本对话。阅读，就是一个学生阅读一篇课文，产生了他的理解和感受。

长期以来，语文课堂在学生一望便知处徘徊的现象比较普遍。从“理解”层面来看，这属于“表层解码”，即理解文本的表层信息，能够复述文本中的文字和语句。复述、转述、概括等教学都属于阅读的低层次理解。如果课堂大量时间耗费在这种低层次理解上，学生的高阶思维培养就会出现缺失。

“理解”的第二个层次是篇章格局，就是对文本进行文意上的理解。对于同一文本，不同的读者应该能够读出大体一致的篇章格局。

“理解”的第三个层次是情境模型。是文本与学生原有知识结构和生活经验的联系，这才是深度学习的真实发生。

语文深度学习最重要的任务就是要突破课堂教学在“文字表面滑行”的困局。既实现对文本的深度理解，还要将篇章的表达与学生已有的知识联系起来，建立情境模型，帮助学生抵达更深层次沉浸式感知，促进学生的理解与感受从低层次走向高层次，这是深度学习课堂教学最重要的核心策略。

（二）语文深度学习课堂教学策略之二：目标确定上的两个“要点”

让我们首先厘清阅读的目的为何？阅读的根本目的在于体验和分享文学作品传递出的人生经验和语文经验。

例如阅读散文，不仅要体会优秀散文的精准语言，还要领会和分享作者感悟到的人生经验。

再如阅读文言文，不仅要学习古人语言的锤炼和章法的考究，还要理解古人的情怀和民族精神。

学生阅读一篇课文产生了自己的理解和感受，这篇课文为什么要拿到课堂上来教？答案是，学生凭他们原有的生活经验和阅读能力来理解这篇课文，还不足以达到真正理解或深度理解的目的。

如下图所示，学生的经验和课文之间往往存在一个落差。根据学生已有的语文经验和人生经验，他会对文本产生自己的理解和感受。学生初读课文后理解的情况我们可以根据学情进行比较准确的估量和判断。准确确定学生的已知是开启课堂深度学习教学非常重要的环节。因为它决定着一节课的“起点”。如果教师缺少对学生“已知”的估量而进行“零起点”教学，教学的实效性将大打折扣。其实，估量和确定学生的阅读“起点”也是教师备课的起点。基于学生已知的起点，教师才能根据两个重要的“基点”去确定课堂的“终点”，即“目标”，然后通过合适的教与学的过程和策略设计，实现从“起点”到

“终点”的达成，解决“起点”到“终点”的落差。这两个重要的“基点”是：一是课文里独有什么、二是学生最需要什么。

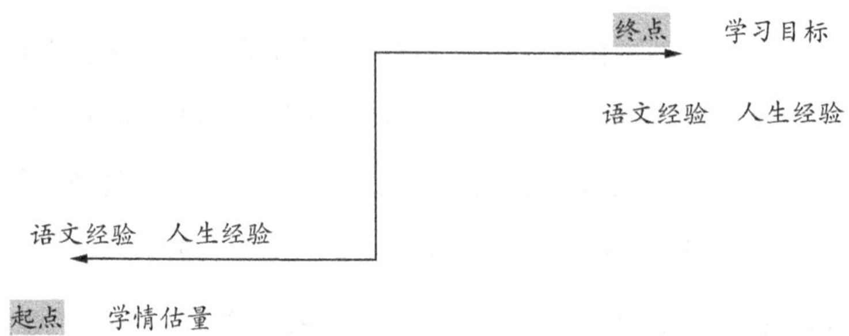

有的教师很困惑，一篇课文，在初一、初二、初三都可以教，怎么把握它的难度？其实，一篇课文教到什么程度，不是由教师的经验来决定和把握的，而应由学生决定。

首先，课文中可能包含着超出学生已有语文经验的因素。简单地说，就是课文是学生凭借已有的经验读不太懂或没有完全读懂的。当然，学生已有语文经验与课文之间落差的大小存在个体差异。这就需要教师通过适当引导或介入合适的方法，甚至是讲解，来增加学生的语文经验，弥补学生已有语文经验与课文之间的落差。课文中的人生经验可能也是学生独立阅读无法体会到的。

例如阅读郑振铎的小说《猫》。学生根据已有的语文经验和人生经验，读出作者因怨苦了第三只猫后深刻的自责反省，读出作者对弱小的尊重与悲悯。理解这些对多数学生而言，是没有障碍的。但是，对于一篇小说来说，主题的社会性是它的第一属性。多数学生很难读出这篇小说中蕴含的对“人性的弱点”的揭示和反思。这就需要教师首先确定好课文人生经验学习目标的“终点”。教师通过问题引领学生与课文关键词句进行深入对话，如“找出文中我判断猫是吃鸟元凶依据的语句”“为什么仅凭各种‘好像’我就会做出错误判断”“生活中是不是只有猫会受到这种不公的对待”等问题，引领学生深入课文，与课文和作者进行“几个来回”的对话，从而更深入地建立起“人生经验”。

所以，语文深度学习在目标确定上必须把握好两组对举的“要点”：一组是一堂课的“起点”与“终点”，一组是课堂目标的“语文经验点”与“人生经验点”。教师只有牢牢树立点位意识，才能在课堂教学中消弭学生阅读的落差，从而帮助学生真正实现深度学习和真实成长。

（三）语文深度学习课堂教学策略之三：教学设计上的三个“简约”

开展语文深度学习的教学的先决条件就是教师拥有较强的文本解读能力。如果语文教师能够把自己还原成一位普通读者去理解、感受一篇课文，他一定能将课文读得懂、读得好。可是，我们的教师往往过早地把自己放在语文教师的位置上，过早地思考这篇课文要去教什么。所以，为了保障语文课堂上教师可以引领学生进行深度学习，我们提出一个重要策略：让语文教师首先作为一位普通读者，平心静气地用自己的心灵去感受一篇课文。读作品，尤其是文学作品，要用自己的心去抚摸它。

阅读目的不同，决定了怎样看待文本。看待文本的方式不同决定了课文关键词句的提取。只有语文教师先把自己当成一位普通读者，才能从教学固有的习惯和课堂框架中跳出来，才能不受教学惯性思维的限制。以往第一步“整体感知”、第二步“品味语言”、第三步“赏析手法”、第四步“拓展延伸”的教学模式千篇一律，扼杀了所有课文的独特性。只有教师首先把小说当小说读，把诗歌当诗歌读，把散文当散文读，才能把小说当小说教，把诗歌当诗歌教，把这位作家的散文当这位作家的散文教。教师的文本解读就是把握这类作品、这位作家的作品特质，发现这篇课文“独有什么”。再作为教师去思考，这篇课文中学生“最需要学习什么”。只有这样教师才能不拿着一套模式去教学千差万别的课文。

所以，教师做好课文解读及备课，首先要当好读者，这是语文教师的第一个身份，这个身份和所有其他读者别无二致。语文教师的第二个身份是教师，即语文课堂的研究者。研究和思考学生能读懂多少，即课堂“起点”在哪里；学生需要读懂多少，即课堂“终点”在哪里。教师如何让学生读懂这些，即学习活动的设置。语文课堂上有一件重要的任务就是培养学生对优秀作品、经典作品、伟大作品的敬畏之心。可以说，凡选入教材的文本均是此类作品。学生仅靠自己初读，是很难产生深刻的敬畏之情的。如果语文课堂止步于“浅表学习”，学生是很难感受到优秀作品的深刻内涵并产生敬畏之情的。所以，语文深度学习的课堂要力争实现让学生体会到课文中所传递的人类深刻的经验。语文教学不仅是教学，还是教育，承担着传承文化的教育功能。学生读不懂的，要使他读懂；学生读不好的，要使他读好。

如何做到这些，就要谈及具体实现的路径，即如何在“起点”之上、“终点”之前设计我们的课堂。通过大量的案例分析和实践研究，我们认为，语文深度学习的课堂，必须遵循“三个简约”，即在教学设计时要遵循目标简约、环节简约、手段简约的基本策略。

长期以来，我们的语文课堂存在着“繁杂”的现象。语文课堂像是“开心杂货铺”，里面包罗万象，从字到词、到段、到篇、到写作手法、到主题理解，还不忘拓展延伸。凡是一篇课文包含的语文要素，全被教师悉数“一课打尽”。语文教师的尽职尽责，一直是我们有目共睹的。教师希望把一篇课文中所有的重要知识在一堂课内都教给学生。于是，课堂上，教师带着学生犹如在一个偌大的植物园中观赏：从牡丹园驻足片刻，又拉着学生来到桃花园，还未等学生认真观赏，又拉起他们来到樱花树下；学生刚想轻嗅花香，没时间了，教师又把大家带到了郁金香园里……一节课下来，园子转了七八个（教学环节），每一处都是来也匆匆、去也匆匆，没有细致深入，只有走马观花，留在印象中的只是“片片瓣瓣”“星星点点”“落英缤纷”了。

一节课 45 分钟，如果设置四五个教学目标，实现的力度和达成度肯定会比精选一两个目标低。

一节课 45 分钟，如果设定七八个教学环节，每个环节学习的时间将只有五分钟，何谈深度学习？布鲁姆的掌握学习理论认为，虽然学习能力影响学习速度，但如果学生有足够的时间去学习，绝大多数学生都能够学会。

关于教学环节的组织原则，国培专家曾总结为这样三句话：研学情、明起点；依体教、定终点；中间搭上两三个台阶即可。

前两句话在前面章节已做过专门阐述，这里重点谈谈教学设计的“两三个台阶”的问题。

教学环节只有简约，才能让教学变得深入和深刻，这是毋庸置疑的。把教学目标减下来，把教学环节减下来，才能让学生有足够的时间深入学习最核心的领域。研究表明，阅读教学设计二至三个教学环节比较合适。我们可以做一道数学题：一堂课 45 分钟，如果是平均计算，三个教学环节，每个环节可以进行 15 分钟的学习。核心环节一般用时 20 分钟，首尾环节时间可以相对少一点儿，这样就会使课堂学习内容聚焦和集中。反之，一节课如果设定七八个教学环节，每个环节平均用时为 5 分钟，除去提出问题的时间，学生在每个学习环节中的学习活动或交流活动的时间将会少得可怜。没有时间保障的学习，根本谈不上效能。

另外教学环节的设计不是设计教师做什么，而是设计学生做什么。

拿到一篇课文，教师在备课时想的是：学生需要学习什么？学生怎么能更好地学习？教学设计要设计的是“学生活动”，而不是“教的内容”。在我们设计教学环节时，一般包括两个部分：一是“内容落点”，指的是这个环节里的学习目标或学习内容；二是“学习方式”，指在这个环节里学生怎么达成目标，即通过怎样的学习活动（读、说、听、写）达成目标。

语文深度学习的课堂要求教师在备课时着重思考三个问题：①学生预习自主阅读时能读懂多少，即课堂的“起点”在哪里？②课文独有、学生最需要在课堂上达成怎样的学习目标，即课堂的“终点”在哪里？③怎样从起点通过两三个核心环节抵达终点？

语文课堂深度学习模型指向课堂主体环节的教学。一节课共 45 分钟，前面

10 分钟可以用于预习的检查与提升，如识记与积累；即文化文学常识及字词的积累、文章整体感知，如对文章经历线、情感线及思考的初步认知的交流与修正。这一环节用时不应超过一节课的 1/5 或 1/4。务必保证一节课的主体时间用于向深度学习，向“终点”拾级而上。让我们用一个图例来表示这种深度学习的备课模型。

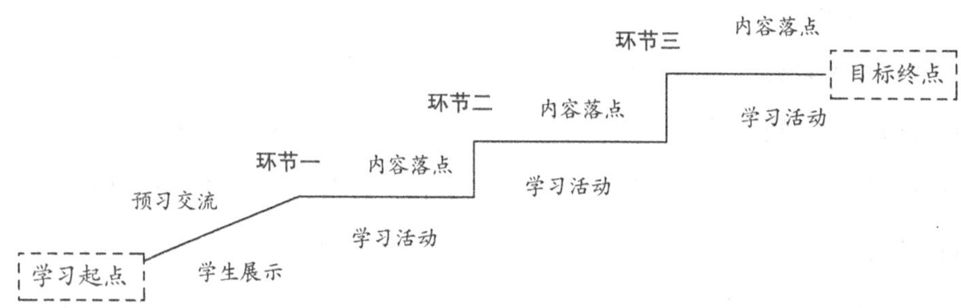

以杨绛先生的《老王》为例，按照定篇文本和已知不赘的基本原则，我们进行深度学习课堂教学设计简图示例。

实施语文深度学习的课堂教学，教师还需要用好王荣生教授在《语文科课程论基础》中提到的“四类文本”教学功能理论。这一理论给我们一线教师在处理教材、选择教学内容方面指明了方向。确认课文的类型及不同类型的功能发挥方式，对一线教师而言是极为重要的。这一理论在语文教学史具有里程碑式的意义，值得再次重温学习。

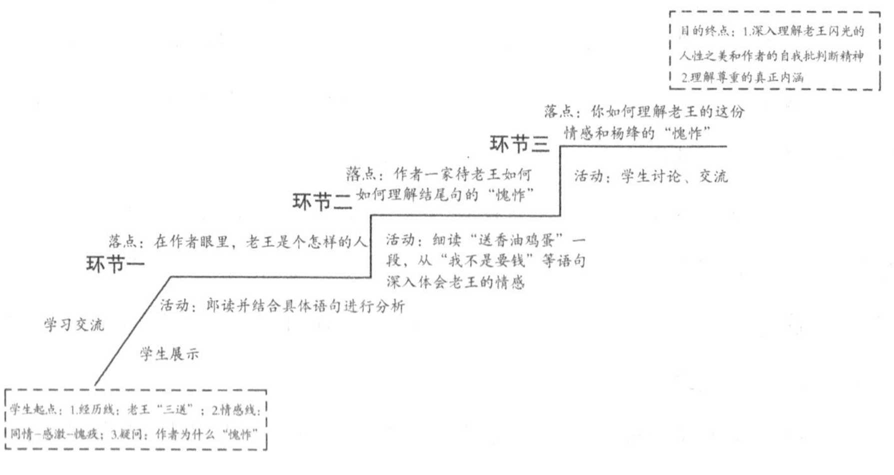

“四类文本”的特点及要求如下。

1. “定篇”。“定篇”应该是一篇完整的，没有经过任何删改的经典作品。此类课文的功能是“使学生彻底、清晰、明确地领会作品”。学生学习的生长点在于课程内容（或者说课堂教学内容、学生学习的内容），就是“文化、文学学者对该作品的权威解说”。学生学习的重点是经典作品的“丰厚内涵”。这种“丰厚内涵”，以最权威的解说为主，并且这些解说要想方设法固定下来，让每一届、每一代学生都掌握。

2. “例文”。材料要“足以例证知识”，同时“又能避免篇章中其他部分可能引起注意导致读者精力涣散而干扰了所‘例’的主题”。所以，材料不一定是完整的，也可以是片段。这类课文可以是：①来源于一个个的词句以及整篇的文字中的词法、句法、章法等“共同的法则”和“共通的样式”；②从文章、文学作品的阅读和写作活动中总结出来的基本原理和行为方法规范；③“关于诗文和读写诗文的事实、概念、原理、技能、策略、态度等”。

3. “样本”。作为样本的材料要注重典型性，“必须从学生现在在读的或将来要读的现实情境中真实取样”。学生“依了自己的经验”“在与特定的文本交往过程中”，形成怎样读、怎样写的方法或能力。这种方法或能力，就是此类课文生成的课程内容。这样的内容不是约定俗成的、固定的，而是由学生在特定的情境中、在“通过形式把握内容”的过程中揣摩和发现的。“样本”是学生揣摩和发现方法或能力的凭借。这样处理教材的方法符合“建构主义”理论。该理论强调，知识是由学生建构的，教师是学生建构知识、发现知识的支持者和帮助者。

4. “用件”。用件的要求是适用，提供足够的材料。其实质是，提供信息、介绍资料，使学生获知所讲的事物。用件的材料是引导性的、可替换的。其材料有三个品种：一是语文知识文，二是引起议题文，三是提供资料文（可以是文，也可以是画）。利用这些材料的目的是服务于要进行的语文学习活动。“在这种类型里，学生其实不是去学文，而主要是用这一篇文里的东西，或者借选文所讲的东西、或者由选文所讲东西触发，去从事一些与该选文或多或少有些相关的语文学习活动。”

对于不同题材的课文，我们既要“依体”而教，还要注意区分鉴别课文的教学“类型”，区分好“定篇”“例文”“样本”“用件”，实施“按类”而教。具体到文本解读时的切入点，可以依据文本的内部语言特征。文学作品的情感多是真挚的，但是真挚的情感不是空中楼阁，不是无所依傍的。深刻的情感必然会依托语言文字进行表达。这些情感密码就存在于学生常忽略的关键语句中。教师备课时可以从一些特殊的词句入手，作为媒介，进入作者的内心世界。

首先，关注反常态的表述。如鲁迅的《社戏》一文中记叙了“我”乘船去看戏，返程归途中偷吃罗汉豆的经历，但是文章结尾却说“真的，一直到现在，我实在再没有吃过那夜似的好豆，——也不再看到那夜似的好戏了”。这句反常态的话里包含着深刻的含义和情感——“戏”虽不好看，“豆”也味道一般，但是故乡醇美的人情、乡情、风景，却是人生中“最好的”。

其次，关注看似矛盾的表述。如杨绛的《老王》中结尾句“这是一个幸运的人对不幸者的愧怍”。这句话不好理解，似有矛盾。杨绛一家对待老王其实还算不错，从每次足额的车费、送他的鱼肝油中可见。为何杨绛却说“愧怍”老王？这是理解文章深刻内涵的一把钥匙。

再次，关注文中反复出现的语句。在一篇文章中，如果某些词句反复出现，那一定是作者要突出强调的，一定要引起关注。如茅盾《白杨礼赞》中的“白杨树实在是不平凡的树”，刘成章《安塞腰鼓》中的“好一个安塞腰鼓”等。白杨树的“不平凡”和安塞腰鼓的“好”的内涵的层层挖掘就是课文学习的要点所在。

总之，语文深度学习的课堂的首要特征是学生的“深刻的获得感”和“鲜明的生长点”。这种获得感和生长点主要体现在“语文经验”和“生活经验”上，而这些就构成了学生语文素养的综合提升，也实现了语文学科立德树人的育人功能。深度学习指向核心素养，指向培养全面发展的人，从“立言”走向

“立人”，是我们语文学科深度学习课堂的应有之义。

学生进行“深度学习”的学习策略

什么是学习？学习是学生在教师的引导和帮助下，主动去“经历”知识、发现、发展的过程。深度学习就是要让学生在主动活动中成为真正的学习主体。如何引导学生在深度学习中成为学习主体，我们先从文本的预习谈起。

（一）课前有效预习

预习是一项重要的教学辅助过程。由于不同教师的引导不尽相同，预习的目标和内容以及检查反馈有明确和不明确的差异，这就导致了预习的效果迥异。

语文深度学习的课堂强调实施课前有效预习。有效预习是指在教师的指导下，学生通过自主学习，掌握文本基本要点，学会质疑，并且把预习情况反馈给教师。通过有效预习，教师可以“以学定教”，在课堂上带领学生从已知的起点之上，走向未知的深度学习，从而提升学生的语文核心素养。有效预习应该具备如下几个特征。

1. 预习的目标指向核心素养。预习是学生学习的一个重要环节，是学生通过自主学习，初步掌握文本全貌，提升阅读素养的过程。语文有效预习应以提升学生语文核心素养为目标，注重语言积累、思维发展、文化理解，科学合理地建构预习的内容体系，设置合理适量的预习任务。

2. 预习内容应立足教材。教材是教学过程中实现培养目标、促进学生发展的重要载体。语文有效预习应将教材作为建构预习内容体系的依据，引导学生从单元到篇目，既宏观知晓单元整体主题和能力素养达成目标，又能中观知晓一篇课文的大体面貌，用好教材助读系统，进行宏观和中观的预习。

3. 预习内容应聚焦核心主干知识能力，实现“一课一得”。语文教材本身存在科学而有序的体系，每一个单元、每一篇文章都有不同的素养侧重点。教师在确定预习内容时应依据统编版语文教材的编排序列，根据教材内容设置预习任务和恰当的预习路径，让学生在素养提升的过程中扎实前行。

4. 预习检查反馈有助于学生走向深度学习。预习检查是对学生预习成果的评判，能反馈真实的学情。教师可以通过丰富多样且有效的预习检测手段，全面了解学生在预习过程中的已知和未知，了解学生在预习过程中产生的疑问，并在学生提出的各种疑惑中发现共性问题，深入分析，以此为切入点和突破点，确定课堂深度学习的内容及策略，带领学生走向深度学习。

有效预习可以设置以下预习内容。

1. 记忆层级：字词查阅与积累、文化文学常识积累。此项预习成果可采用量化检测的方式，以口头或书面形式呈现。

2. 理解层级：朗读或默读课文，通过圈画段落关键信息，梳理文章“三线”，即“经历线”“情感线”“思考线”。此项可以用简单的思维导图呈现，可以用小组讨论的方式展示。

3. 评价层级：提出对文本的疑惑。此项可以通过群学讨论的方式，小组内产生质疑清单。教师根据清单进行梳理和整合，生成可待深入的教学内容，为深度学习的课堂奠定目标和内容基础。

预习的深度决定了课堂的深度。一个肤浅的预习是不会触发高品质的课堂深度学习的。对待预习，学生必须持有一种认真严谨的态度，以培养自己的阅读能力为己任，充分认识预习提升自己的阅读思维品质，以及为课堂深度学习奠定良好基础的重要作用。全体学生必须按照教师的预习指导和要求，逐项认真、规范地完成预习初读，不可偷工减料，不可流于形式，不可漫不经心。

（二）课上深度参与

一节深度学习的语文课堂，必然是充满丰富而有意义的语文学习活动的。语文学科作为一门学习语言文字运用的综合性、实践性课程，课堂上应该存在丰富的听、说、读、写活动。语文深度学习的课堂还需要有高质量问题驱动学习。所谓高质量的问题是指能够引发学生丰富的、结构化的语文学习，引发学生高阶思维的问题，而不是几乎不要思维活动、不用深入课文就能找到答案的“异口同声”的问题。所以，在深度学习的语文课堂上，学生应该养成如下几种思维品质。

1. 用心倾听：深度学习者通常具有内在的学习动机、积极主动的学习态度和强烈的学习兴趣，能主动参与到学习中来，并积极地与同学和教师产生互动交流。

2. 深度参与：深度参与是深度学习的前提和保障。每个学生都会带着自己对文本的理解进入教学过程，以学为基点，学习时不仅积极参与并陈述自己的观点，还积极关注和倾听他人的观点。别人的观点常常能点燃自己思维的火花。

3. 深度表达：大胆、自信的表达既是学生深度参与课堂的有效形式，也是深度学习的显性表现方式。深度表达在语言形式上不再是用一个词、一个简单的句子进行表达，而是用一段话，一个相对完整的句群去表达；在表达的内容上，不是只有观点，而应该是既有观点，也有分析，有理有据，逻辑严密。

4. 深度理解：深度学习的语文课堂，学生要在教师优质问题的引领下，深入文章关键语句，进行深度漫游，从细处咀嚼、叩击、品咂出课文字面下的深意。按照海明威的“冰山理论”，即读出文字以下深刻的意蕴。只有在这样艰苦却有趣的过程中，语言的秘密才能被发现。语言的秘密一旦被发现，整个课文的世界就会被照亮，学生的语文经验和人生经验就会生长；就会激发起学生心灵的惊异和渴望进一步探究的精神力量。

5. 敢于质疑：巴尔扎克说：“打开一切科学大门的钥匙毫无异议的是问号。”我们大部分伟大的发现都应归功于“为什么”和“怎么样”。同样，语文能力和生活智慧大多也存在于“为什么”中。对于初中生而言，应具备主动质疑，提出有意义问题的能力。这种能力的形成在于认真的阅读和积极的思考。质疑精神本身就代表着学生的深入思考，提出一个有价值的问题也代表着阅读的质量与品质。质疑不仅是胆量问题，也是能力问题。好问是学生的天性，唤醒这种天性，培养创新意识和探究能力，就掌握了深度学习的“金钥匙”。

在课堂中，学生是学习的主体。学生的自我学习需要通过不断地阅读、品味、揣摩、分析、比较、修正、丰富、提升，才能形成属于自己的认知，拥有自我学习体验。所以只有当学生的思想认识、情绪倾向、行为动作都能聚焦到学习状态中的时候，深度学习才能真实发生。

课堂上任何一次学习活动，学生都应积极主动地参与，进而进行深入阅读和深度思考。这种参与绝不是“滥竽充数”，不能“混迹其中”、装模作样，要真正地、积极主动地参与。只有主动参与到对知识的认知、探索、发现和重构活动中，才能有深度学习的发生。

深度学习发生的主要标志之一是思维的有效展开。教师要减少或不设置那些表面热闹，实则没有思维含量、缺少思考与探究行为发生的问题，要想方设法引领学生的思维进入“深水区”，开展有思考“深度”的学习。有深度的学习一定也是具有个性特征的学习，可以帮助学生个体达成学习目标。在学生个体参与团队学习活动时，也能使学习的成果最大化。深度学习还总是“常中见新”。内容新鲜生动、形式活泼多样的学习，可以使学习过程变得轻松愉快，变得富有趣味、充满灵性和挑战，可以丰富和提升阅读经验。

语文深度学习需要学生拥有沉浸式的学习态度和习惯，用心做好课前预习中的自主学习，对文章进行有效的整体阅读和整体把握，并提出尚存疑的问题，为深度学习的课堂奠定好“起点”。深度学习的语文课堂，需要学生用心倾听、深度参与、深度表达、深度理解和敢于质疑，所以教师在研究教什么的基础上，更应该关注学生学习的品质与习惯的养成，将备课的重点放在达成目标的学习活动上。用品质活动促进学生学习品质的提升；用品质活动促进学生走向语文经验和生活经验的深处。

保障初中语文“深度学习”的教研机制

区域语文学科基于深度学习理念的“1+1”课程开发、研究及实施，有力地促进了教师教学方式和学生学习方式的变革。区域教研发挥了专业力量的支持和服务作用，统筹规划、整体推进、聚合力量。高质量的备课及实施是共同构建“深度学习”教学改进项目实施的重要保障。

深度学习及“1 +1”课程开发项目的实施，是促进学生正确价值观、必备品格和关键能力的发展，落实立德树人根本任务的具体举措，在对深度学习理念的认识、单元学习目标的确定、单元课时的规划、单元学习活动的设计、持续性评价的设计和实施、对语文学科专业的理解深度、学科教学的素养提升，以及对学习规律的把握等方面，都对一线语文教师提出了很大的挑战。因此，中观层面的区域保障和微观层面的教师专业发展支持体系是项目成功实施的关键。

（一）大处着眼，创新区域教研机制

教研机构是我国特有的教师专业发展支持系统，在促进区域教育内涵发展、服务教育主管部门决策、推动基础教育教学改革实施、整体促进教师专业发展、提高教师教学质量等方面发挥了不可替代的作用。

当今，教研机构及教研员应与时俱进，丰富教研内容，创新教研机制，拓宽教研深度，坚持“育人导向”“问题导向”和“实践导向”，整合区域专业力量，建立校际间协同创新机制，建立全区深度学习的研究、实践、改进和落实机制，持续提高区域语文学科教学质量。槐荫区初中语文学科实施深度学习及“1 +1”课改项目，主要依托的是全区集体备课的教研方式，恰当的方式策略为课改的实施提供了强有力的保障。

（二）整合资源，整体设计区域方案

基于区域学科教学发展目标和实际情况，我们制定了《槐荫区初中语文学科“深度学习”理念下“1 +1”课程开发教学改进项目整体实施方案》。方案顶层整体定位，统筹规划，细致分析了改革背景、改革目标、改革任务、改革周期、改革进程、预期成果及保障机制。

1. 建立种子团队，智力支持深度学习。组建优秀教师团队，通过提高教师

的理念和实践水平服务于区域教育发展，是推进改革和教育质量的学术保障。

2. 成立“深度学习”工作室。2018 年，我们选拔骨干教师，组建推进深度学习的核心力量，依托教研员名师工作室，成立“槐荫区初中语文深度学习暨三明工作室”。工作室以“忠于教育事业”“共筑教育梦想”“守望理想课堂”“建设优质学科”为宗旨，以“明确的研究方向、明亮的课堂风格、明朗的学生成长”为目标。该工作室核心成员共 10 人，均为区域语文学科的领军教师。他们是深度学习理论的学习者、研究者，是全区学科教学改进项目的先行者、实践者。他们聚焦区域课程教学中的难点和核心问题，合力攻关，边学习、边研究、边实验、边解决，对深度学习的基本理论和实践模型进行了积极探索，提出了适合区域初中语文教学现状的“1 +1”课程开发及深度学习的基本实施框架，发挥着语文深度学习课改项目“排头兵”的重要作用。

我们到哪里

★ 立己达人，独具匠心——做良师名师。

★ 着力研究并努力构建语文“深度学习”的课堂，分课型研究从“浅问浅探”走向“深思明理”的思维教学，并覆盖经典篇目。

★ 研发较为科学的语文“深度学习”课堂评价量规。

★ 参与省市课堂及教科研成果比赛。

★ 集结成册，打造“语文深度学习”方面的专著。

★ 带动辐射全区语文教师，建设我区学科教育品牌，为年轻教师留下思想财富。

3. 建立“全域备课”共同体。课改项目需要人力资源的强力支撑。项目启动之始，我们向全区招募参与教学改革的教师。招募令上赫然书写着“诚募勇于突破的你、志同道合的你、善思深研的你、情怀深切的你”。招募令一出，全区 220 名语文教师主动报名参与。教师怀着提升自我、发展学生的教育情怀积极投身于课改之中。

4. 建立“学科教研员——年级首席教师——单元备课组长——单元主备教

师”四级研究团队。以单元为单位，进行全区集体备课。科学建立专题学习、集备研讨、上课磨课、反思改进、定期的全域集体备课机制。用图例表示如下。

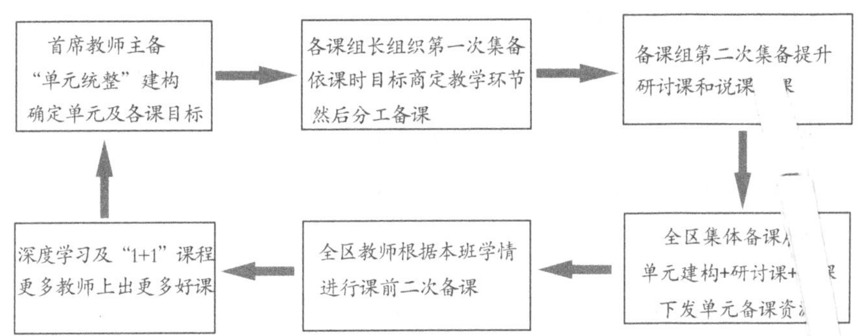

①教研员和首席教师指导备课组长进行单元整体教学规划，按照深度学习和“1+1”课程理念，确定本单元教学整体目标、各课时目标及各课时安排。由各主备教师成立两人备课小组认领备课内容，并选择本单元重点篇目进行研讨课展示的备课。②各课时主备小组依据明确的学习目标，根据深度学习的理念进行教学设计；执教单元研讨课的教师进行课堂展示主备。③教研员和首席教师指导进行第一次备课组组内磨课，执教研讨课的教师进行课堂展示，其他各课时主备教师进行说课展示，共同进行磨课修订。④备课组主备教师根据磨课修订意见完善教学设计，再进行第二次全组磨课。⑤将形成成果的优质备课向全区进行展示，一般包括研讨课一节，其他各课时说课。⑥各校教师根据全区集体备课的优质资源，在上课前进行校本化、班本化的第三次备课。

通过教研员深入家常课验证实验成果，改进研究策略。统筹规划，清晰时间表和路径图，保障了充足的备课时间。单元备课一般都是提前三四周进行，这样就确保了两次组内磨课和全区展示时课程的高品质。自课改全区备课实施以来，全区语文课堂教学质量得到显著提升，深度学习的理念已深入人心，学生的深度学习正在真实发生。

（三）先行先试，形成区域实践策略

基于我区学校之间差异大、教师群体类型多样、教学实践经验迥异等情况，选择有学科带头人、教研实力强的部分学校进行先行先试，提供课改实践模型，后续再逐步推进，梳理提炼实验成果，分享交流引领全区跟进。

全区集体备课的共同研究，有效地整合了群体智慧，提升了语文教师整体专业素养。共同研究、实践、改进，解决了以往教学的痼疾。项目研究团队既是全区的备课团队，也是学习共同体。在教研员的专业引领和示范下，在首席骨干教师的指导下，各备课组组长和教师共同协作，打破了校际界限，让专业和智慧实现了融会贯通。同时，一线教师的实践经验是非常宝贵的，对成功经验的提炼和分享，就是团队成长的过程。团队中的每一位成员皆是研究者，也是实践者，是自己成功课例的施教者，也是深度学习的推广者。大家在解决问题的过程中共同成长，团队中的每一位教师正在成为带领学生成长的金种子。

（四）梳理提炼实验成果，分享交流引领全区跟进

教师的课程育人能力是在课堂教学改进中提高的，是在探究研讨、课堂实施的过程中提高的。语文深度学习的理论，不是通过一两次集体培训就能掌握的。教师需要在学习之后进行教学实践，并在实践后进行教学反思。围绕深度学习的“1+1”课程开发和实践，必须要在围绕核心目标进行探索后，梳理和提炼实验的成果，通过全区集体备课、展示、教学交流分享等活动全面推进。不仅如此，提炼语文深度学习“好课”的基本框架和基本模型，归纳组织教研和课堂学习过程的思维方法和实践模型，是研究走向深入、走向推广的重要手段。

在区域和各校建议“理论学习——全域备课——研讨磨课——教学展示——教学实施——反思改进——资源传承”的教研工作机制。为了更好地传承和发展项目研究成果，我们对每个优秀教学案例进行整理，形成优秀教学案例资源包，按周发送给全区语文教师，便于教师学习使用。结合教研活动及时进行课后反思，教师及时分享执教后的理解和收获。

从“备课组案例实践”到“全域案例研讨”再到教师“风格化优质案例的

课堂实施”，在这个过程中，“更多的教师上出更多好课”的理想正在真实发生。

参考文献：

【1】刘月霞，郭华主编．深度学习，走向核心素养（理论普及读本）．北京：教育科学出版社，2018.

【2】王荣生主编．阅读教学教什么．上海：华东师范大学出版社，2016.

【3】孙世梅著．统整教学，走向融合的语文课堂．济南：济南出版社，2019.

【4】龚建新．为未知而教，为深度而学——基于深度学习的初中语文课堂教学改进实践与思考．教育界（教师培训）．2019（03）．

【5】叶建军．浅谈初中语文有效预习策略．文科爱好者（教育教学）．2020（02）．

【6】龚建新．基于深度学习的语文阅读教学：内涵、特征及策略．江苏教育研究．2016（24）．

【7】任霞．避免深度学习误区，探求深度学习真谛——以初中语文教学为例．教育视界．2017（07）．

『深度学习』实践课例

第四部分

初中语文“深度学习”的实践课例

专题一：单元整体建构

读新闻·晓天下　写新闻·育情怀

——八年级上册第一单元统整建构

教材解读——基于教材编写意图和单元目标

新闻是我们了解世界的窗口。每天都有各种各样的新闻通过报纸、广播、电视、互联网等媒介来到我们身边。可以说，新闻是与生活息息相关的一种文体。在一个新闻信息近乎爆炸的时代，培养公民的新闻素养显得尤为重要。语文教育的功能在于引导学生做一个终身的阅读者，做一个负责任的表达者。所以，我们不能简单地把这个单元当作一个传统意义上的文体单元，而应首先从立德树人的角度考虑学生学习新闻的意义。

我们认为，中学生必须具备的新闻素养有以下三个方面。一是家事、国事、天下事，事事关心的情怀。当前，我们看微信、微博较多，看新闻、报纸较少，不少人只关心娱乐新闻，缺少对国家大事和家乡要闻的关注。学生是家国未来的建设者，从小培育学生心怀天下的品质非常重要。二是世事洞明的智慧。当各种新闻从各个媒介纷至沓来的时候，我们要有一双明辨是非、探求真相、善辨良恶的眼睛，在纷繁复杂、鱼龙混杂的信息中保持清醒客观的头脑。三是实事求是的态度。每个人都是自媒体，是新闻的发布者和传播者。做一个负责任的表达者，不轻信、不盲从、不虚夸、不妄言，是现代公民应有的新闻态度。虽然这些素养需要一生的修为习得，但是在学生系统学习新闻单元时，正确的引导一定会对学生产生良好而深远的影响。

活动探究单元是统编版语文教材的一大亮点。教材中设置活动探究单元以学生语文核心素养综合提升为目标，引导教师教学理念“华丽转身”。教材将新闻单元设置成“活动探究”单元是极为恰切的。新闻与现实生活密切相关，有极强的实用性和可操作性。开展活动探究，将学习“活动化”，学习将变得不再被动。教师设计好学习“活动任务单”，通过组织学生参与活动，躬行实践，从而实现在做事里求学问、在做中学的效能。由此，我们在准确领悟教材编者意图的基础上，确定本单元的学习目标如下。

1. 新闻阅读：阅读消息、特写、通讯、新闻评论等体裁的作品，把握各自特点，学习阅读新闻的方法。

2. 新闻采访：熟悉新闻采访的一般方法和步骤，制订采访方案，开展采访实践，搜集新闻素材。

3. 新闻写作：学习新闻写作，分层次完成消息、特写、通讯、报纸编辑等任务。

4. 价值观：培养“事事关心”的情怀、“实事求是”的态度、“世事洞明”的智慧。

根据两个教学周的学习任务单和“1＋1”课程开发的理念，践行“三位一体”阅读，采用“大整小合”的单元整合策略，按照“整体——部分——整体”以及“登山进阶型”单元设计思路。我们在新闻阅读活动中采用比较阅读策略，将“消息”“通讯”放在同一课时中进行整合学习，将“特写”“评论”放在一起进行比较阅读，为本单元整体建构了如下课时安排。

第一课时	第二课时	第三课时
新闻概念＋消息三则 《消息二则》 《首届诺贝尔奖颁发》	新闻特写＋评论 《“飞天”凌空》 《国行公祭》	通讯＋名著导读 《一着惊海天》 《红星照耀中国》名著导读
第四课时	第五课时	第六课时
名著阅读课《红星照耀中国》	新闻群文阅读	新闻采访指导课
第七课时	第八课时	第九课时
消息写作指导及写作课 （自选加写特写、通讯）	消息写作及写作讲评课 （特写、通讯）	名著阅读课 《红星照耀中国》

教学内容——基于学生初读已知的深度学习

如何在课堂上有效提升学生的语文素养？深度学习即答案。实施深度学习首先要精准确定学生“在哪里”。新闻单元的一组课文包括消息、特写、通讯、评论等，体裁多样，学生通过初步的预习阅读，能了解各则新闻叙写的主要事件，但对新闻各体裁的样式及如何写作是未知的。这就需要我们在教学中做好整合和比较，通过比较阅读，引导学生横向比较分析新闻各体裁在内容、结构、表达和语言上的特点。了解各种新闻样式，获得新闻体裁认知的基础，学生在阅读和收看新闻时才能了然于胸。更进一步，只有这样，才能为新闻写作建构理论知识体系，为学生采写新闻打下坚实的基础。

教学路径——基于语文能力的活动探究式学习

活动探究的课堂体现了学生的主动参与、亲身实践。学生喜欢这样的课堂，才能在学习过程中获得更全面的成长。以任务清单为表征的活动是学生有效走入深度学习的重要手段和方式。本单元强调学生的主动参与和亲身实践。按照教材的教学要求，我们将重点实施活动探究的三个任务，即“新闻阅读”“新闻采访”“新闻写作”。

什么是活动探究式学习？活动探究式学习是指在教学和学习活动中，以任务为知识获得的驱动，引导学生参与具体学习活动，促进学生知识建构的一种学习方式。它主要包括提出问题——规划方案——解决问题——实施评价四个环节。在这一理念支撑下，我们主要分三个任务群来实施本单元的学习：

任务群一：比较阅读各类新闻，做好新闻读写理论储备。

任务群二：新闻采访精心选题，做好新闻写作素材储备。

任务群三：新闻写作综合展示，用好评价量规促进提升。

基于语文核心素养之“语言的建构与运用”，打破原有单篇教学设计，把一个单元中的六篇文章进行重新组合，采用比较阅读的教学策略，将课内五课时的学习调整成三课时，用一个课时进行新闻群文阅读和新闻采写的指导与实践。学生以小组为单位设计采访方案、拟写采访提纲，分小组进行采访实践，为最终自己采写消息、特写、通讯或评论搜集鲜活的素材。在这种活动探究式的学习过程中，学生是学习的主角，素养的综合提升也是可见、可测的。

教学过程——基于深度学习理念的活动探究式学习的具体实施

任务一：新闻阅读

第一课时：认识消息

活动一：整体认识新闻，检查自主学习

（以问答的方式，检查学生自主学习教材“任务一”新闻阅读的要点知识。）

	要　点
概　念	新闻是经由新闻媒介传播的、为广大受众所关心的、新近发生的事实或情况的信息。
新闻特点	真实性、及时性、公开性
要　素	何时、何地、何人、何事、何故、如何
常见体裁	消息、新闻特写、通讯、新闻评论
语言特点	准确客观＋立场观点

活动二：依据消息结构，梳理结构要素

1. 学生阅读消息三则：《我三十万大军胜利南渡长江》《人民解放军百万大军横渡长江》《首届诺贝尔奖颁发》，用“//”划分消息的基本结构：标题、导语、主体、背景、结语。

2. 采用比较阅读的方法，归纳提炼消息的结构要素和语言特点。

标　题

标　题	一般格式	语言特点
《我三十万大军胜利南渡长江》	主语＋谓语＋宾语 （何人＋何事）	凝练 概括 醒目
《人民解放军百万大军横渡长江》		
《首届诺贝尔奖颁发》		

导　语

标　题	导　语	作　用
《我三十万大军胜利南渡长江》	英勇的人民解放军二十一日已有大约三十万人渡过长江。 （人＋时＋地＋事）	导语是新闻的提要，常在第一句。它简明扼要地概括事件，揭示主题。导语进一步压缩后可作为标题。
《人民解放军百万大军横渡长江》	人民解放军百万大军，从一千余华里的战线上，冲破敌阵，横渡长江。 （人＋地＋事）	
《首届诺贝尔奖颁发》	瑞典国王和挪威诺贝尔基金会今天首次颁发了诺贝尔奖。 （人＋时＋事）	

主 体

标 题	主 体	作 用
《我三十万大军胜利南渡长江》	渡江战斗于二十日午夜开始……结尾。（具体写“如何”突破敌阵胜利渡江）	承接导语，更细致、具体地介绍新闻的内容。
《人民解放军百万大军横渡长江》	西起九江……结尾。（具体写中、西、东三路军“如何”渡江）	
《首届诺贝尔奖颁发》	根据诺贝尔的遗嘱……挪威的奥斯陆举行。（具体写颁给“何人”，“何时”“何地”颁奖等）	

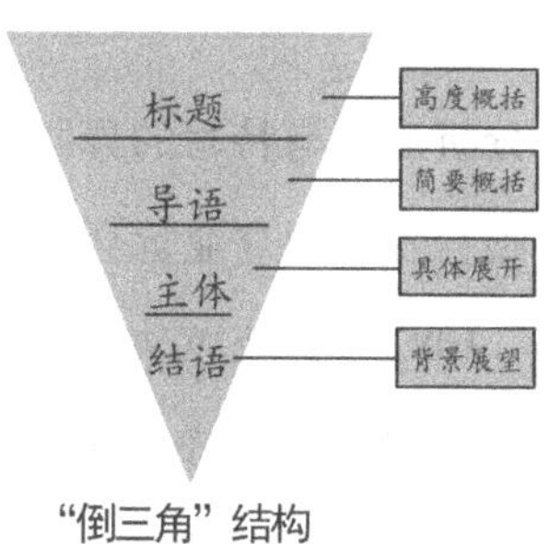

“倒三角”结构

活动三：品读关键词句，感知新闻语言

设问：新闻的语言有怎样的特点？结合三则新闻中的具体语句进行品读。

例 1：国民党反动派**经营了三个半月**的长江防线，遇着人民解放军好似**摧枯拉朽**，**毫无斗志**，**纷纷溃退**。长江风平浪静，我军**万船齐放**，直取对岸，**不到二十四小时**，三十万人民解放军即已突破敌阵，占领南岸广大地区。

例 2：此处敌军抵抗**较为**（这个词可以去掉吗？）顽强，然在 21 日下午至 22 日下午的整天激战中，我已**歼灭及击溃**（两个词重复吗？）一切抵抗之敌，**占领**扬中、镇江、江阴诸县的广大地区，并控制江阴要塞，**封锁**长江。（“占领”和“封锁”可以互换吗？）

通过具体语句的赏析，体会新闻语言“客观准确为基础”“体现观点态度”的语言特点。

第二课时：认识特写和评论

活动一：朗读课文，梳理文脉，感受跳水过程

（学生朗读《“飞天”凌空——跳水姑娘吕伟夺魁记》，感受跳水过程之美，梳理文章脉络。）

朗诵课文，梳理文脉

1 准备——沉静优雅 白云、飞鸟 环境烘托

2 起跳——轻盈美妙 一系列动词 比喻成“飞天”

3 腾空——潇洒从容 比喻成流星

4 入水——轻盈美丽 比喻成箭

5 观众——沸腾赞叹 侧面描写

活动二：对比阅读，分析消息与特写的异同

提供同一事件消息一则：吕伟勇夺亚运会女子十米跳台跳水冠军

北京时间 11 月 24 日，1982 年第九届亚运会在印度新德里进行。中国跳水队最年轻的新秀吕伟以较大优势获得女子十米跳台跳水比赛冠军。她的夺冠成绩为 511.17 分，领先亚军 14.55 分，领先季军更多达 78.12 分。她夺冠最后一跳的动作为“5136”，即先前翻腾一周半转体三周。吕伟以沉稳优雅的风度、潇洒自如的动作，在观众的一片惊叹欢呼声中完美完成了最后一跳。

（学生通过比较阅读，分析归纳消息与特写的不同点，准确把握特写的特点。）

新闻消息 & 新闻特写

新闻体裁	篇　幅	内　容	语　言
新闻消息	短小精悍	报道新闻事件全过程	概括、凝练、简洁
新闻特写	篇幅较长	放大并描绘新闻事件中最有价值的、最生动感人的瞬间或片段	运用多种艺术手法，重点描写精彩瞬间，具有较强的画面感

新闻特写

用“镜头的语言”放大新闻瞬间的美

放大·再现

活动三：阅读《国行公祭，为佑世界和平》，梳理文章脉络

新闻评论

	要　点
新闻事件	国家举行南京大屠杀死难者公祭仪式
评论观点	国行公祭，牢记历史，维护和平
评论论据	1. 正面论据：全世界正义之士以不同方式纪念死者 2. 反面论据：日本右翼分子顽固扭曲历史，颠倒黑白
论证方法	对比论证、举例论证

活动四：对比阅读，分析消息与评论的不同

（学生依据对比点，进行讨论交流并展示。）

新闻消息 & 新闻评论

新闻体裁	篇　幅	内　容	表达方式	语　言
新闻消息	短小精悍	报道新闻事件全过程	记叙为主	概括简洁
新闻评论	篇幅 较长	一事一评 就事论理 寓理于事	议论为主	观点鲜明

第三课时：走近通讯和新闻总揽

活动一：阅读《一着惊海天》，梳理文章脉络

活动二：体会通讯独特的体裁特点

设问：本文是新闻一等奖获奖作品，文章为什么如此打动读者？

（学生再次深入文本，圈画相关语段和词句进行有理有据的分析。）

明确：1. 标题有吸引力；2. 反复渲染、蓄势，营造氛围；3. 较多笔墨进行描写（舰载机着舰后人们的情感爆发。）；4. 突出事件的重大意义（将“个人感情”升华到“民族感情”）。

活动三：结合具体语句体会通讯的语言特点

例1：渤海某海域，**海风呼啸，海浪澎湃**。辽阔的海面上，我国第一艘航空母舰——辽宁舰**斩浪向前**。舰岛的主桅杆上，鲜红的八一军旗**迎风招展**。

例2：着舰指挥员**从容地**走上甲板指挥平台。“**刀尖上的舞蹈**”就要开始了，现场所有的人都**捏着一把汗**。

例3：为了这一着，面对技术封锁，**多少人殚精竭虑，青丝变白发；多少人顽强攻关，累倒在试验场；多少人无怨无悔、默默奉献**……今天，终于有了一个圆满的结果，能不激动吗？

（学生朗读重点语句，结合关键词分析，体会通讯的语言特点。）

总结：通讯具有新闻性、文学性、评论性的特点。

活动四：总揽新闻四种样态，比较异同

（学生总揽本单元各篇新闻，讨论交流后明确异同之处。）

对比分析·总揽新闻

标　题	新闻体裁	内　容
《首届诺贝尔奖颁发》	消息	报道新闻事件
《“飞天”凌空》	特写	描绘新闻瞬间
《一着惊海天》	通讯	讲述新闻故事
《国行公祭，为佑世界和平》	新闻评论	评论新闻事件

第四课时：新闻拓展群文阅读

活动一：认识报纸版面

（学生从家中带一张报纸到课堂上，学习报纸的版面设计及分区。）

认识版面、报头、基本栏、头条等概念；明确“上半区优于下半区；左半区优于右半区”的版面布局原则。

活动二：以当日《人民日报》为例，推荐学生阅读几篇新闻，识别新闻体裁

人民日報
RENMIN RIBAO
2020年8月
26

中办国办印发意见
改革完善社会救助制度

当日头条

1.这是一则消息

2.标题：中办国办印发意见改革完善社会救助制度

3.导语：新闻首段

4.主体：介绍印发意见的意义和具体内容

人民论坛
惟俭者兴 惟勤者进

新闻评论

1.这是一则新闻评论

2.标题：惟俭者兴，惟勤者进

3.新闻事件：近期习近平对制止餐饮浪费做出重要指示

4.评论观点：惟俭者兴，惟勤者进

5.评论论据：追溯勤俭传统美德的传承与发展

要闻 6 2020年8月26日 星期三

大连把技术力量带到六盘水的田间地头——
樱桃红了 日子甜了

引进技术，激发信心
频繁相接，培训指导
牵手农户，助力增收
东西部扶贫协作一线报道

新闻特写

1.标题：具有文学性；

2.选取扶贫工作中典型片段进行细致描绘——描绘新闻瞬间

3.语言画面感强，艺术手法多样

活动三：跟着一等奖获奖新闻学写新闻

（学生阅读《铁路夫妻“见字如面”的23年和24万字》，体会这则新闻好在哪里，有理有据进行交流。）

明确：主题美、角度巧；细节精、语言真；深入生活，素材鲜活等。

活动四：学生从自带报纸中分享一篇“最佳新闻”

任务二：新闻采访

活动一：认识新闻采访

1. 以《一着惊海天》为例探究新闻素材的来源。

新闻素材	素材来源
舰载机飞行情况、着舰后人们的反应	观察
航母与舰载机之间的对话	记录
航母舰载机着舰的难度、某大国一名上将的话	搜集素材

明确：①新闻采访是新闻写作的基础，是对新闻事实进行观察、询问、思索、查阅等工作；②采访的主要方式包括观察、记录、摄影、搜集素材等；③好的新闻采访，需要我们拥有“新闻的眼”和“新闻的心”。

活动二：以小组为单位，制订采访方案

第一步：确定新闻题材。要求与建议：①选取校园、社区、家乡等身边的热点事件或人物；②体现新闻之“新”，即新近发生、有新意、有价值。

第二步：列写采访提纲。①结合“教师节”来临之际，以“采访我的语文老师”做采访提纲示例。②学生以小组为单位，按照确定的主题，列写采访提纲。

采访时间、地点　9 月 8 日下午放学后，语文老师办公室

采访对象	张老师
采访目的	了解张老师的教学思想及教最后一届学生的心情
采访方式	深度访谈、照片拍摄
采访器材	纸、笔、照相机
采访问题	1. 您从教多少年？教过多少届学生？
	2. 您的教学思想是什么？您在教学中感到的最幸福的事是什么？
	3. 再教一届学生您就退休了，教这届学生您有怎样的心情？
	4. 作为您光荣退休前最后一届学生，您对我们有怎样的期许？ ……

活动三：讨论实地采访中的注意事项

明确：①守时赴约，注重仪表；②彬彬有礼，智慧倾听；③有效提问，讲究技巧；④轻松愉悦，自然流畅；⑤做好记录，重视笔录。

活动四：采访归来，整理新闻素材

指导学生去粗取精，选取新闻中心，找出支撑、解释、拓展中心的材料，删除无关材料，同时保证新闻基本要素的完备性和准确性，最后根据“倒三角”结构进行合理排序。

任务三：新闻写作

活动一：完成初稿写作

必做任务：写一则消息

自选任务：写一篇新闻特写或通讯

拓展任务：编一期组报进行展示

（学生根据新闻中心思想，先将标题和导语写好，知道正文写作时一个方面的内容通常独立成段，语言表达上注意客观准确性。学生根据新闻素材的具体情况，判断是否可以写成特写、通讯、评论等其他体裁。）

活动二：依据评价量规，开展小组互评

（学生根据“消息写作评价量规”，小组成员间、组与组之间进行互评并提出修改意见。小组梳理成员普遍出现的问题，分条整理提交给教师。教师汇集后结合具体例文进行全班指导、点拨、提升。）

项　目	目标与要求	项目分值	赋　分	修改提升方向
标题	简洁、概括、醒目	10 分		
导语	用简要的文字呈现消息要旨	20 分		
主体	新闻要素全，采用“倒三角”结构	10 分		
语言	准确、简练、生动	10 分		
视角	比较新颖，能吸引读者	10 分		
总分		修改重点		

活动三：修改完善，誊抄成品

（学生根据修改意见，结合自己的思考在原文上用红笔进行修改。修改定稿后，誊抄在作文本上。）

结语

当下我们处在培养学生语文素养的时代，基于深度学习理念的“1+1”课程开发和实施，是保证“三位一体”阅读和“读写配合”教学理念真正落地的有效之举。活动探究式课堂不仅能优化学生的学习，还能促进学生综合素养的提升。在教学改进不断向纵深处推进的今天，如何更好地运用深度学习的理念，实现学生语文经验和生活经验的提升，是摆在每位语文教师面前的重要研究课题。希望能在积极努力的探索和实践中，不断深入研究，不断完善实施，为学生语文核心素养的培养奠基。

纵览山川之美　感悟文化魅力

——基于深度学习理念的文言主题单元设计例谈

《义务教育语文课程标准（2011年版）》中要求，语文课程目标从“知识与能力”“过程与方法”“情感态度与价值观”三个维度进行设计，同时强调课程目标着眼于学生语文素养的整体提高。单元阅读教学是语文教学的重要组成场域，是学生养成良好阅读习惯、培养阅读能力和习得阅读方法的语言实践活动。单元阅读是学生从文字中获取意义的心理过程，是学生“运用语言文字获得信息、认识世界、发展思维、获得审美体验的主要方式”。

然而，在新课程改革不断推进的背景下，当前的初中语文主题单元教学实践中依旧存在着“缺乏明确语文要素”“随意选择教学内容”“少有文化支架”“应试思维限制教学目标设定”等问题，影响着阅读教学实践活动的开展、学生阅读能力的提高和阅读教学理念以及目标的达成。

基于深度学习理念的主题单元教学，以主题式单元教学有机整合思维方式为源头，将语言学习和“内容”教学结合起来，把语言放到有意义的主题中去让学生学习，最终达成主题单元学习的目标。

基于深度学习理念的主题单元教学是一种单元整体备课的教学理念和意识，是以话题或专题型语文教材的主题单元为出发点，将教材的选文、练习等板块的内容与课外的教学资源进行有机统整，从整体全局上来开展课前、课中以及课后的教学。即根据语文课程实施的水平目标，确立单元教学主题。语文教师依据学生的学习规律，以主题为牵引，重组单元教学内容，进行单元整合教学的设计。

本文主要以统编版初中语文教材八年级上册（以下简称“八上”）第三单

元、八年级下册（以下简称“八下”）第三单元为例，就准确提炼单元学习主题、科学规划单元学习设计展开探索。

准确提炼单元学习主题，明确主题单元深度学习的核心素养指向

每个单元都包含着多重教学目标。这些目标之间有的联系比较紧密，有些联系比较松散。设计单元整体教学，就要努力寻找多重目标之间的有机联系，特别是建立体现人文价值的目标与体现工具价值的目标之间的联系；以素养为本进行有机整合，提炼单元目标与主题，使教学目标更集中，更聚焦，统领单元的情境、任务，更自然流畅地实现单元的多重教育目标。

在基于深度学习的主题单元教学设计中，要对单元主题有清晰的理解，要关注学生的人生经验提升的预设方向。

八上第三单元的单元主题是“山川之美，古来共谈”。自然山水或清幽，或雄奇，或秀丽，均显造化之妙，深入其中，总能让人流连忘返。在本单元中，我们随郦道元游三峡，领略了三峡雄奇险拔、清幽秀丽的迷人风光。又与吴均共赏富春江之奇山异水，听陶弘景赞“山川之美”，闻苏轼叹承天寺之月夜空明……他们或流连山水，用心灵观察，体悟自然风物之美；或寄情山水，排遣人生的种种苦闷与无奈，于景物描写中融入细腻的情思。因此，我们可以确定八上第三单元的主题为“山川之美”，明确单元学习的核心素养指向为“形成审美体验，提升学生审美鉴赏能力”。

八下第三单元所选诗文俱是经典：或记事以描写理想中的美好生活，或记游抒写自己徜徉于自然之境时的所见、所思、所感，或状物赞叹古代工匠的精湛技艺，或抒情吟咏个人的情感追求。每一篇经典诗文都是一种文化样态的缩影：《桃花源记》抒写的是隐逸文化，《小石潭记》则是古代文人贬谪文化的代表作，《核舟记》体现的是中国传统手工艺者的工匠精神，而《诗经》则是现实主义美学的典范。阅读这些诗文，既能了解古人的思想、情趣，感受他们的智慧，受到美的熏陶与感染，又能增强对中华优秀传统文化的认同感以及民族

自豪感和自信心。所以，我们确定本单元的主题是通过学习课文，加强对中华优秀传统文化的理解和传承。

单元主题的提炼不仅是对教材编写主题的溯源，还是对学生在学科核心素养方面的提升方向的明确，也有助于教师进行符合学科内在规律、学生语文素养发展的单元教学设计。

单元篇目与单元主题的核心素养指向示例

单　元	篇　目	文本主题	单元主题	核心素养指向
八上 第三单元	《三峡》	三峡山水之美	自然之美	审美鉴赏与创造
	《答谢中书书》	自然之奇美		
	《记承天寺夜游》	月夜之美		
	《与朱元思书》	富春江山川之美		
八下 第三单元	《桃花源记》	隐逸文化	文化之感	文化传承与理解
	《小石潭记》	贬谪文化		
	《核舟记》	工匠文化		
	《诗经》二首	现实主义美学		

科学规划单元学习设计，明确单元深度学习的高阶思维培养路径

（一）准确定位单元学习重点

教材每个单元的学习内容都非常丰富，这些内容之间存在着各种各样的联系。教师需要考虑什么样的单元学习重点更有利于激发学生的学习兴趣，更有利于引导和促进学生的深度学习，更有利于学生高阶思维的培养。这就需要仔细分析教材内容之间的联系，确定单元学习的重点，规划单元学习的项目任务和连贯的学习过程，从而实现单元学习目标。

八上第三单元篇篇课文都是写景抒情的典范之作，文质兼美、包蕴情思，让我们真正体会到了源远流长的古汉语的独特魅力。作者妙笔生花，以凝练生动的笔墨、丰富的想象与联想、俯仰生姿的观察角度，实现了远与近的对立统

一、静景与动景的组合、色彩与声响的搭配、光与影的变幻，描绘出一幅幅神奇瑰丽的自然山水画卷。由此，我们确定“学会写景”为这个单元写作经验的学习重点。

八下第三单元的课文是作者对社会理想、人生经历、生活发现、美好情感的所思、所感。作者将自己的感受融入虚构的事件、游览的经历、细致的描绘、反复的咏叹之中，有所感悟，文字记之。因此，“学会写感想”就是这个单元的学习重点。

通过“学会写景”“学会写感想”单元学习重点的目标预设和达成，可以促进学生基于“应用、分析、判断、创造”等思维基础的深度学习的发生。

下面以八上第三单元为例，围绕“学会写景”的单元学习重点进行单元教学设计。

诵读美文之韵　抒写山水之美

——八年级上册第三单元统整设计

【单元学习目标】

1. 借助注释、工具书掌握重点文言实词、虚词，理解课文内容。

2. 反复诵读，借助联想和想象，体会作者的情感，提高审美情趣。

3. 通过分析写景诗文，学会写景的方法，学写写景抒情的文章。

【关键能力培养】

1. 通过有效预习，充分诵读，建立文言语感基础，培养学习文言文的能力。用两课时落实单元文言基础知识、文言诵读学习。

2. 重视朗读。朗读训练贯穿整个单元，组织多样的朗读展示活动。

3. 指向写作，学习写景的方法。突出重点，有效学习课文样本。《三峡》《记承天寺夜游》保持完整独立讲读；《答谢中书书》《与朱元思书》整合对比阅读；在写景诗五首、《三峡》等写景课文学习的基础上，提炼出写景方法，进行写作课实践。

【单元整体设计说明】

课　时	教学内容
1	1. 单元导读　2.《三峡》《与朱元思书》基础知识、诵读
2	《答谢中书书》《记承天寺夜游》基础知识、诵读
3	《三峡》讲读
4	《记承天寺夜游》讲读
5	《答谢中书书》《与朱元思书》对比阅读
6	写景诗词五首专题
7	拓展“古代山水美文”群文阅读
8	1.“写景抒情作文”写作指导 2. 写作实践、写作评价量表 3. 写作提升——展评
9	习字训练
10	单元综合实践活动“古诗文诵读展示”

【单元写作指导手册】

“抒写山水之美”写作指导手册

单元写作导语

“山川之美，古来共谈”，自然山水，或清幽，或雄奇，或秀丽，均显造化之妙。深入其中，总能让人流连忘返，引起无限的情思。在本单元中，我们跟随郦道元游三峡，领略了三峡雄奇险拔、清幽秀丽的迷人风光，又听陶弘景赞“山川之美”，闻苏轼叹承天寺之月夜空明，与吴均共赏富春江之奇山异水……他们或流连山水，用心灵观察，体悟自然风物之美；或寄情山水，排遣人生的种种苦闷与无奈，于景物描写中融入细腻的情思。

先来看看课文给予我们的启示。

课文题目	景　物	情　感
《三峡》		
《短文两篇》		
《与朱元思书》		

单元写作目标

1. 抓住特点，写景有神。

2. 多种手法，写景聚神。

3. 结构有致，写景凝神。

4. 情感融入，写景传神。

写作核心技术

一、抓住景物的特征

描写景物，关键是要抓住景物的特征。景物的特征，常常表现在形状、色彩、声音等方面。如《春》中对雨的描写："雨是最寻常的，一下就是三两天。可别恼。看，像牛毛，像花针，像细丝，密密地斜织着……"突出了春雨既细且密、闪闪发亮的特点。

1. 突出景物特点。如《三峡》中"隐天蔽日"的"隐""蔽"，写出群山连绵、高峰入云、遮天蔽日的情形；用"素"形容湍急的水流，符合春天江水的特点；用"绿"形容潭水，既写出潭水之深，又写出潭水之静、之清。景物鲜明，语言精确凝练。

再如《钱塘湖春行》中紧扣"早春"着笔，从"初平""几处""谁家""乱花""渐欲""才能"等词语的运用中，把西湖的早春描摹得细腻生动。

2. 抓住景物灵魂。如《答谢中书书》中写景没有仅停留在景物本身，而是表现出自然万物的勃勃生机。"高峰入云，清流见底。两岸石壁，五色交辉。青林翠竹，四时俱备。晓雾将歇，猿鸟乱鸣。夕日欲颓，沉鳞竞跃。"通过高低、远近、动静的变化，视觉、听觉的立体感受，来传达自己与自然相融合的生命愉悦。

3. 凸显景物“个性”。如《使至塞上》中的颈联“独绝千古”，妙在“直”和“圆”，极为贴切。“烽烟”多用狼烟，有轻直、聚集的特点，是“孤烟”，故在无风的时节，能够“直”冲云天；在苍茫的大漠下，“落日”即将没入地平线，显得又大又圆，符合日常观察落日的视觉感受。

二、运用多种手法

在七年级上册第一单元里，通过对《春》《济南的冬天》《雨的四季》的学习，学生已经初步了解了写景的常用方法。

1. 从多感官细观察。很多同学写景时，往往从单一的视觉角度观察景物，显得很单调。名家写景时不仅从视觉角度，还从听觉、嗅觉、味觉、触觉角度，即调动五官，多角度、全方位地写景状物。比如，《雨的四季》中“水珠子从花苞里滴下来，比少女的眼泪还娇媚。……小草似乎像复苏的蚯蚓一样翻动，发出一种春天才能听到的沙沙声。呼吸变得畅快，空气里像有无数芳甜的果子，在诱惑着鼻子和嘴唇。”这段文字从视觉、听觉和嗅觉的角度描写雨后的世界，带给我们全方位的感受。我们写作文时如果能调动多个感官充分地欣赏、品味景物，并且进行一定的语言加工，就能创造出真切感人的画面，从而达到令读者身临其境的艺术效果。

（1）在郦道元、吴均等文人的眼里，水是清澈的——“素湍绿潭，回清倒影”；“水皆缥碧，千丈见底。游鱼细石，直视无碍”。同时水又是湍急的——“虽乘奔御风，不以疾也”“急湍甚箭，猛浪若奔”。

（2）在郦道元的耳中，三峡的秋天是凄婉的，“常有高猿长啸，属引凄异，空谷传响，哀转久绝”。而在吴均听来，富春江之美，美在“泉水激石，泠泠作响；好鸟相鸣，嘤嘤成韵。蝉则千转不穷，猿则百叫无绝”的天籁之音里。

练习：运用多感官观察的方法，观察“校园一景”，写一段文字。

2. 动静结合相映成趣。

（1）动静结合，就是同时描写静态的事物和动态的事物，让静景、动景相辅相成，相得益彰，相映成趣。如《答谢中书书》一文中，“两岸石壁，五色交辉。青林翠竹，四时俱备”是静景。青翠的竹木与五彩的山石相映衬，呈现出一派绚烂多彩的怡人画卷。而“晓雾将歇，猿鸟乱鸣。夕日欲颓，沉鳞竞跃”是静景转入动景的描写，通过对朝与夕两个特定时间段的生灵活动的描写，为画面增添了灵动感，传达出蓬勃的生命气息。

（2）化静为动，以动写静，就是把静止的事物当作运动的事物来写，想象并描写出静态事物在运动时的形态和神态。如吴均的《与朱元思书》中，作者就别出心裁地描绘静态山峦的动态，使人顿觉耳目一新。“负势竞上，互相轩邈，争高直指，千百成峰。”用拟人的手法，写出江水两岸崇山峻岭高耸入云的雄奇景色。“竞”“争”二字把静止的山写活了，赋予了它们生命力和动感。作者化静为动，笔下的山仿佛有着无穷的争胜之心，又为下文作者的感叹埋下了伏笔。

3. 俯仰生姿绘画面。《三峡》一文中，“春冬之时，则素湍绿潭，回清倒影，绝巘多生怪柏，悬泉瀑布，飞漱其间”，有平视、俯视和仰观三种视角，描绘出春冬季节的急流、潭水、山峰、瀑布等景物，三峡之水的清幽美跃然纸上。

再如《答谢中书书》一文中“高峰入云，清流见底。两岸石壁，五色交辉”，寥寥几笔，就有仰观、俯察、平视三种视角，描绘出了白云、高峰、流水、石壁等多重风物，展现出一幅灵动而富有蓬勃生命气息的画面，极富层次感。

4. 巧用修辞添文采。在描写景物时，巧妙运用修辞，可给文章增添文采。修辞手法的选用，不仅使语言生动形象，更可以突出景物的特征。如《春》中对雨的描写：“雨是最寻常的，一下就是三两天。可别恼。看，像牛毛，像花针，像细丝，密密地斜织着……”作者巧妙运用比喻，将春雨比作牛毛、花针、细丝，突出了春雨既细且密、闪闪发亮的特点。

如《与朱元思书》中的“急湍甚箭，猛浪若奔”，湍急的江水快过离弦之箭，汹涌的浪又如飞驰的骏马，表现了江水急速奔涌的状态。“互相轩邈，争高直指”，一座座山凭借高峻的地势争着往上走，往高处、远处伸展。山本无生命，却像有着无穷的争胜之心。

5. 确立视角细描绘。定点观察，如《答谢中书书》，仰观“高峰入云”，俯视“清流见底”，平视“两岸石壁，五色交辉”。还有移步换景等。

三、结构有致，浑然一体

如果说主题是文章的灵魂，材料是文章的血肉，那么结构就是文章的骨架。本单元所选课文大都篇幅短小，有些只是原文的一部分，但结构完整、浑然一体，表现出作者高超的谋篇布局能力。

其中，总分式结构是最普遍、运用最广的一种，即文章的开头部分总起，中间部分分述，结尾部分小结。总分式结构一般分为“总分式”“分总式”“总分总式”三种。

《与朱元思书》一文的结构是总分式。全文共分3段，第1段为总起，总说自富阳到桐庐间的山水之美，其中“奇山异水，天下独绝”一句统领下文。第2、3段分写山和水：第2段具体写“异水”，动静结合，动中有静，生动再现了水之色、水之深、水之清、水之急，突出了一个“异”字。第3段则具体写“奇山”：先写山本身，再围绕山间景物分别描写了泉水、草木、鸟兽等，有形、有色、有声，为我们勾勒出了一幅充满生机活力的富春山水图。

《答谢中书书》一文虽不足70个字，但在结构上为总分总式，可谓短小精悍之至。文章先以感慨发端，“山川之美，古来共谈”总起。接下来的10句，作者以清俊的笔触具体描绘了秀美的山川景色。最后，再以赞美和感慨收束全文，表达了作者酷爱自然、长伴林泉的志趣。

值得一提的是，总分总式的结构在文末进行总结时，可首尾呼应。在结尾处写出既呼应开头，又不简单重复的语句，是极常见的收束方法。这种收束方法能唤起读者心理上的美感，产生一种首尾圆合、浑然一体的感觉。也可用抒情议论的方式收束文章。这种方式能够表达作者心中的情愫，激起读者情感的波澜，引起读者的共鸣，有着强烈的艺术感染力。

四、融情于景寄情思

登山则情满于山，观海则意溢于海。相同的景物在不同人的笔下往往是不同的，而同一人笔下的同一景物，在不同的心境下也会发生改变。描写景物时恰当地融入情感，能使客观的景物鲜活起来，更具有感染人心的力量。如《雨的四季》中，春雨驱走冬天，改变世界的姿容；夏雨热烈而粗犷；秋雨端庄而沉静，使人静谧、动情；冬雨自然、平静，给人特殊的温暖。作者用极富情感的描写，既展示了四季的雨的客观特征，又主观地赋予它们不同的“性格”和内涵，使它们更有感染力。

本单元所选的课文都具有情景交融的特点，情是景的灵魂，景是情的载体。了解作者的情感是领悟景物意蕴的一把钥匙。本单元所学课文的情感表达和情感变化并不相同。有的情感表达较为明显，如《黄鹤楼》尾联的“愁”字，透露出诗人日暮登临所引起的乡愁；有的情感表达并不明显，如《三峡》中只在最后一段有一点情感的抒发；有的情感则较为微妙复杂，如《记承天寺夜游》，需要抓住“闲人”二字，结合背景，认真体会。《野望》全诗情感前后一致，首联“徙倚欲何依”奠定诗歌的感情基调，尾联与此呼应，作者的彷徨与孤独贯串始终。而《使至塞上》的颔联和尾联表达的情感前后有变，由漂泊无依转为慷慨悲壮。

《答谢中书书》一文作者以清俊的笔触描绘了秀美的山川景色，表现出欣赏山水之美的超然心境。《与朱元思书》通过描写富春江雄奇秀丽的景致，融情于景，有所寄托，表现出厌弃名利、渴望归隐山林的愿望。

单元作文写作

人生如一列快速行驶的列车，沿途风光无限，既有秀丽怡人的自然景观，又有充满温情的生活画面。只要你用心观察、细心体会，最美的风景就在你身边。

请以《身边最美的风景》为题目完成一篇作文。

要求：①围绕独具特色的某一景观，运用多种写景方法写出景物的特点。②可以适当融入相关的人文知识、历史知识。③融入自己的情感和感悟。

写作提纲

《身边最美的风景》写作提纲			
选材——抓住景物特点			
幽静	古朴	深蕴	其他
我想写这里的什么特点			
构思——我准备从以下几个方面写风景			
风景的特点			
如何描绘风景			
抒发的情感思想			
语言表达——如何突出风景的独特			
方法一			
方法二			
方法三			
文章结构简图			

（二）文言单元学习过程设计

有人把一篇文言课文蕴含的文化比喻成冰山一角。文言文教学必须引导学生认识藏匿在海面下的冰山主体，充分领会课文的丰富文化内涵。下面以八下第三单元为例进行教学设计说明。

在单元整体规划方面，我们遵循以下设计理念。

1. 深度学习是学习者基于理解性学习的基础之上，采用批判、反思、整合、应用等方式对知识进行同化及深度加工的学习活动。

2. 语文课的目标指向双重经验的提升：人生经验 + 语文经验（包括阅读和写作）。

3. 单元教学主张学习的内容应该是完整的，不应该将教材割裂成单课的形式，而应把学习内容分割成较大的单元，这样更符合学生认知心理，容易被学生掌握，有利于发展学生能力。

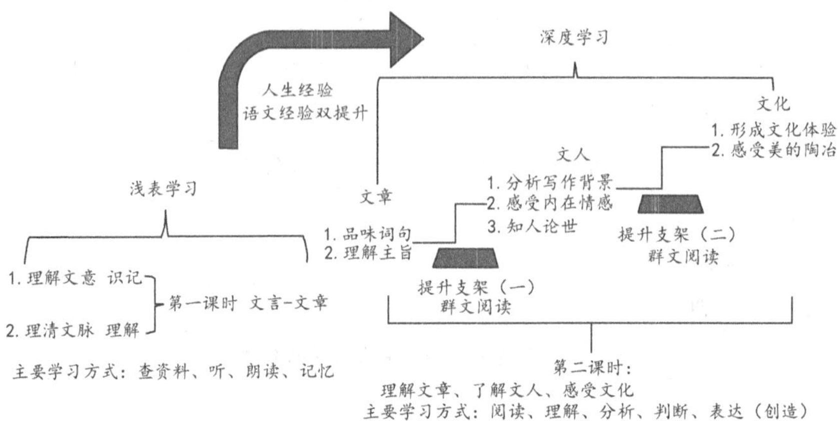

指向高阶思维培养的文言文学习目标达成示意图

文言主题单元教学设计应遵循“文言——文脉——文章——文人——文化”的内在设计思路，科学规划文言文学习过程，由此提出以下文言学习模型。

文言文第一课时的学习重点在“文言——文脉”。首先培养学生的文言语感，即借助注释和工具书自主阅读文章，扫除文字障碍，积累重要的文言词汇，并注意体会文言文和现代汉语的差别。其次要注意总结文言规律（通假字、活用词、古今异义词、多音多义词等），准确理解字、词、句的含义，读懂文章内容，准确翻译文言文句（包括特殊句式和一般句式），初步把握文章的思想感情。

第二课时的学习重点在“文章——文人——文化”方面。在学生能较为完整的理解语意的基础上，引导学生“知人论世”“读文知人”，对作者和作者所处的时代有所认识。教师要准备较为丰富的与作者生平、时代背景相关的“群文”作为学生学习的支架。

在学生对文章、文人形成一定认识和理解后，再引导学生阅读相关“群文”，进而形成对文章、文人所代表的“文化”的感知。在这个提升过程中，相关“群文”和“有感而发”的表达就成为新的学习支架。

在整个第一、第二课时的学习过程中，学生的思维经历了“识记——理解”“理解——应用”“分析——判断——创造表达”的全过程，实现了阅读与写作能力的提升，实现了高阶思维的提升。

以八下《桃花源记》的学习过程为例。

第一课时：以诵读为主线，在借助注释、工具书疏通“文言”的基础上，以理清“渔人的游踪经历”为主任务，初步形成对文章“文脉”的清晰认识。

第二课时，通过解答学生的疑惑，品读词句，探究问题，理解作者的写作意图。然后给予第一组支架——《五柳先生传（节选）》《归去来兮辞（节选）》，帮助学生了解陶渊明和其所处的时代。在学生对陶渊明有所认识的基础上，再提供第二组支架——《桃花源诗》《归园田居》《饮酒》等，帮助学生了解中国古代隐逸文化。

通过这样的探索，我们可以发现基于深度学习理念的主题单元教学旨在有针对性地达成学习领域的水平目标是语文核心素养习得的连贯性和生本化、生活化。主题单元教学是将教学活动置于真实的学习生活环境中（真实的言语环境），在实践运用的体验过程中，让学生理解和应用语文知识和技能，积极自觉地进行语文知识能力的建构，获得精神成长、形成语文素养。

我们更清晰地认识到基于深度学习理念的主题单元教学始终尊重学生生命个性和认知特点，寻找语文与学生生活的契合点，关注学生习得文化知识，感悟世间情愫，培育健康向上的精神世界，践行“立德树人”的教育宗旨。注重在主题内容学习中学生生命价值取向等方面的培养，既要培养学生的语言文字运用能力，又要让学生在学习过程中习得阅读方法，形成良好个性和健全人格，为学生的思维提升、全面发展和终生发展奠定基础。

专题二：散文阅读

深沉的母爱　深刻的领悟

——《秋天的怀念》设计解读及教学实录

教材解读——基于教材编写意图和单元目标

执教本课需先通读统编版语文教材七年级上册第二单元的单元导读和《教师教学用书》中的单元说明。本单元各篇课文虽体裁样式不同，但均属于亲情类文本，从不同角度抒写了亲人之间真挚动人的情感。学习这些课文可以加深学生对亲情的感受和理解，丰富学生的情感体验，进而能够表现和表达自己对亲情的感受，从而实现“理解作者情感”与“陶冶自身情感”的双重目的。

值得注意的是，本单元的各篇课文的共同主旨即亲情是一望便知的。但是，每一篇的主旨又不仅限于亲情，我们还应该带领学生读出其他丰富的内涵。例如，《秋天的怀念》一文，不只是表现母爱，还有儿子深深的愧疚之情以及对生命意义的领悟。《散步》一文中除了有其乐融融的亲情外，还可以读出生命的延续和人生的选择以及中年人特有的责任。《咏雪》一文还可以读出诗书传家的世家家风等。由此，我们准确领悟教材编者的意图，确定了本单元的学习目标。

1. 感受和理解各篇课文所表现的亲情，唤醒和丰富学生的亲情体验，同时深化理解，读出亲情之外的情感内涵。

2. 在第一单元学习重音和停连的基础上，继续学习朗读，把握全文的感情基调，注意语气、节奏的变化。

3. 从写作角度上学习通过细节展现亲情故事；学习或显豁明了，或含蓄深沉的抒情方式。

茫茫人海，能走到一起的人注定有缘；茫茫文海，能组合在一个单元中的课文注定相似相近。教材中的文本，不应该是单一独立的“孤本”教学。正确的备课思路是先进行单元整体教学的架构，其中包括单元目标的准确定位，这个定位如航海时用的罗盘，起到把握方向的重要作用。还要合理规划阅读与写作的课时安排，从而落实“三位一体阅读”和“读写双生”的教学理念。同时根据单元文本特质，在单元目标的统帅之下，由各篇课文分解、承担单元目标，精准确定每一篇课文的教学重点，然后根据“深度学习”“生本课堂”的设计理念设计好每篇课文的教与学。

教学重点——基于文本独有和学生所需

一篇课文教什么取决于两点：一是课文独有什么，二是学生最需要什么。

《秋天的怀念》一文是作家史铁生的一篇回忆型散文。文章质朴的文字中，融入刻骨铭心的怀念，娓娓诉说了母爱的故事。全文无一处、无一字不提及母爱，母爱渗透于每一句话、每一个表情、每一个动作，甚至每一个字上。句句含情、字字如金，铸就了一篇感人至深的经典美文。作者情感复杂，既有对母亲深切的怀念、悔恨和愧疚，也有对残缺生活中“好好儿活”的深刻领悟。本文情感丰富，包含多重主题，要避免学生从单一角度进行理解，这样会让课文重要的育人功能有所缺失。所以，课堂中要引导学生通过反复诵读，通过品味细节和重点词语的情味深入思考课文的多重意义。

对于七年级学生而言，独立阅读，读懂深厚的母爱并不困难，但是读懂母爱的深沉和艰辛，却是不容易的。不是所有的母爱都是顺遂的，爱得艰难有时也是人生的一种常态。深入理解本文母爱所呈现出的特质，才能让学生加深对爱的多元的理解。

这篇课文还有一个重要的主题——“好好儿活”的哲思。这其实也是青少年成长的精神之钙。史铁生刻骨铭心的领悟以及他传奇人生践行的这一生活真谛，对学生而言是最好的成长教育。

于漪老师说过："课堂是神圣的育人场所，课堂教学的质量影响学生生命的质量。我们应该在提升育人质量上多做些思考和努力。"

由此，确定本文的教学重点是：通过反复朗读，深入课文细节，深刻理解课文复杂的情感——对母亲浓厚的怀念以及对"好好儿活"的真正领悟。

教学内容——基于学生初读已知的深度学习

一篇课文的初读权应该在学生那里。学生在初读中会形成对一篇课文整体的认知。课文写了什么？要表达什么？作者是按照一个怎样的脉络写的？学生初读获得的这些感知是宝贵的，阅读能力的形成潜移默化。初读的宝贵之处还在于为我们的课堂出发确定了"起点"。有效的课堂不会在学生一望便知的地方徘徊，而应该在学生似懂非懂、一望不知、重要但常忽略的地方努力耕耘。

对于《秋天的怀念》一文，我们设计了预习导学案。在学生自读学力所达范围内，引导学生进行更有效的初读。预习导学案中，我们设计了对教材单元导读要点的自学掌握；查阅字典积累生字、生词；通读课文后，用"我______，母亲______"来梳理故事脉络；思考课文题目为什么是《秋天的怀念》而不是《母亲的怀念》等问题。学生经过认真预习，一般都能对课文大意有所理解，能读懂课文讲述的是一位母亲呵护、宽慰瘫痪儿子的故事，知晓这篇课文表达的主题是伟大的母爱。

学生是带着这样的阅读起点进入课堂的，那课堂教学的内容，就应该是教学起点之上的深度学习。深度学习学什么，还是要取决于文本独有和学生最需。深度学习的具体内容在于学习学生初读时常忽略但重要的东西。学生初读课文，往往只是对课文整体有个笼统的认知，不会沉浸于关键的细节或字句之中，不会从字缝中咀嚼出情感的深意。课堂学习要走向深处，就是指走向关键文字的深处，走向作者情感的深处，走向以文化人、立德树人的深处。

教学路径——基于语文能力的养成和培育

基于语文能力的培养，课文主要承担从细节处含英咀华和提升朗读能力两个语文能力目标。从阅读技能角度，要为课文选择合适的教学路径——继续训练和提升学生的朗读能力，在朗读中品味细节。朗读能力是一个人语文素养的综合体现。朗读要契合作者之心，这种契合的程度，跟我们对文章的理解程度息息相关。反复诵读才能抵达文心。语文教材七年级上册的课文特别适合朗读，也特别适合进行朗读训练。众所周知，朗读技能分为外部语音技能和内在心理技能。外部语音技能包括对重音、停连、语气和节奏的把握，内部心理技能则包括对“情景再现”和“情感基调”的把握。在第一单元学习重音和停连的基础上，课文重点训练学生把握情感基调，把握语气、节奏变化的能力。通过教师的示范朗读、朗读指导、情景营造，引导学生体会关键词句的意蕴，帮助学生提升朗读能力，从而加深对课文的理解。

教学环节——具体教学流程

第一环节：检查预习，以学生初读起点为基

1. 课堂导入。

师：在本该横冲直撞、骄傲前行的年龄，一个叫史铁生的青年因病双腿瘫痪。他曾绝望地想到死，但最终选择了“好好活儿”，并活出了人生的大气象。是什么样的经历让他获得重生？今天，就让我们一起走进他的回忆性散文《秋天的怀念》。

2. 检测预习。

（1）字词积累。

师：语文学习重在积累。丰富的词汇是我们语言表达的源头活水。课前布置查字典认读生词并解释成语，下面我们检查一下学习效果。

瘫痪　沉寂　侍弄　憔悴　捶打　诀别　絮叨　烂漫　翻来覆去

喜出望外

（2）快速默读课文，用关键信息梳理课文脉络。

【屏显】1－3段：我＿＿＿＿＿＿＿＿，母亲＿＿＿＿＿＿＿＿。

4－6段：母亲＿＿＿＿＿＿＿＿，我＿＿＿＿＿＿＿＿。

7段：我＿＿＿＿＿＿＿＿。

（几位同学交流后，明确：1－3段写“我”瘫痪后暴怒绝望，母亲小心呵护、设法宽慰；4－6段写母亲隐瞒病情直到病逝，“我”愧疚悔恨；7段写“我”怀念母亲，决定“好好儿活”。）

第二环节：深入细节，理解母爱的“苦”

1. 师：本文讲述了史铁生的母亲呵护、宽慰瘫痪儿子的故事。1972年，一场大病导致史铁生双腿瘫痪，从21岁生日那天起，他就再也没有站起来。让我们再读课文第1段，了解他瘫痪后的生活状态。

（一位学生朗读。）

师：你准备用怎样的感情基调朗读这一部分？

生：用激动的感情基调来体现作者的暴怒无常。

（学生调动感情朗读。）

教师肯定学生的充沛感情，进而以“望着望着天上北归的雁阵，我会忽然把面前的玻璃砸碎”一句为例，先后用平静和暴怒的语气以及舒缓到急促的节奏进行示范朗读，指导学生从语气、节奏的变化中表现“我”的暴怒无常。

（学生再自由朗读这几句，体会语气和节奏的变化。）

师：文中“我狠命捶打这两条可恨的腿，喊着‘我可活什么劲儿！’”一句中，作者“狠命捶打”的仅仅是他“可恨的双腿”吗？你觉得他还在“捶打”什么？

生：“捶打”的还有命运的不公、生活的无望等。

2. 师：面对这样一位暴怒无常、生无可恋、绝望透顶的儿子，母亲是怎样做的？画出课文中相关句子，读一读。

（学生默读，圈画。）

【屏显】第 1 段，当我“暴怒无常”时——

母亲就悄悄地躲出去，在我看不到的地方偷偷地听着我的动静。当一切恢复沉寂，她又悄悄地进来，眼边儿红红的，看着我。“听说北海的花都开了，我推着你去走走。”她总是这么说。

老师请一位同学朗读这一处细节描写，问学生想重读哪几个词语。

生：重读“悄悄地”“偷偷地”“悄悄地”“红红的”这几个叠词。

师：为什么要重读这几个词？

生：“悄悄地躲出去”体现了母亲对儿子的理解。痛苦是需要发泄的，躲出去是为了给儿子一个独自发泄的空间。“偷偷地听”体现了母亲的不放心，她不敢走远，怕儿子有什么过激行为伤到自己。“眼边儿红红的”，儿子痛苦，母亲更心痛到不能自已。

（学生重读重点词语，有感情地朗读本句。）

师：此时无声胜有声。几个动作的细节描写，写出了静静守护的背后那颗小心呵护、宽厚体贴的慈母之心。

3.【屏显】第 1 段，当我“绝望”时——

母亲扑过来抓住我的手，忍住哭声说：“咱娘俩儿在一块儿，好好儿活，好好儿活……”

师：母亲扑过来想抓住的，除了“我”的手，还有什么？

生：还有儿子活下去的希望，儿子活下去的勇气等。

师：读母亲的这句话时，你觉得应该读出怎样的语气？两个“好好儿活”该怎么读？

生：应该读出母亲央求的语气，同时也读出坚定的语气。尤其是两个“好好活儿”，第二个比第一个读得更重些，体现深切的期盼。

（学生深情朗读。）

4.【屏显】第 3 段，当我心情平静些时——

师：第3段，“我”独自一人坐着看窗外的落叶。母亲进来后有一个细微的动作——“挡在窗前”。同学们，母亲为什么要“挡在窗前”？她要挡住什么？

生：挡住落叶，挡住“我”看落叶的目光。因为落叶让人想到生命的凋零，让人伤感。母亲挡住“我”看落叶，是在呵护“我”脆弱的心灵。

师：老师想请一位男生和一位女生跟我合作，我们一起来深情地读一读母亲试图用去北海赏菊花的方式驱散“我”心中阴霾，给“我”注入生命亮色的良苦用心。

（一男生读“我”，教师读“母亲”，一女生读旁白，合作深情地朗读这一段。）

5. 师：就是这样一位母亲，儿子不幸瘫痪了，她无时无刻不在小心呵护，想方设法给儿子宽慰。她深深地理解儿子的痛苦，静静地承受儿子向她发泄痛苦。可是，这位母亲，自己却更苦。这位母亲的苦，是——

生：身体上的苦，疾病带来的痛苦。

师：从文中找出描写母亲身体痛苦的语句。

生：她的病已经到了那步田地；她常常整宿整宿翻来覆去地睡不了觉；邻居们把她抬上车时，她还在大口大口吐着鲜血。

师：母亲不幸罹患的是肝癌——这是癌症中最痛苦的一种。医学上把疼痛级别分为10级，而肝癌的疼痛就是10级。除了身体的痛苦，母亲还有什么痛苦——

生：心灵的痛苦，精神的痛苦，为儿子的痛苦而心痛等。

师：看着儿子的绝望、暴怒无常，母亲每每心如刀绞。她心中有更多的苦。所以史铁生在《我与地坛》中写到——

【屏显】这样一位母亲，注定是活得最苦的母亲。

就是这样一位活得最苦的母亲，在“我”面前，总是“悄悄地”“偷偷地”，还会因为“我”答应去看花而高兴得手足无措。却从来没有一丝一毫对痛苦的发泄，甚至没有露出一丁点痛苦的表情。以至于“我”对她的病情“一直都不知道”!

【屏显】这样一份母爱，注定是爱得最________的。

生：无私的，忘我的。

生：艰难的。

生：伟大的，深沉的。

第三环节：品读菊花，理解“好好儿活”的内涵

1. 师：母亲就这样“悄悄地出去了，她出去了，就再也没回来”。让我们齐读4－6段，读出儿子深深的悔恨和愧疚。

（配乐二胡曲《滴水的月光》，全班齐读。）

师：孩子们，你们读懂母亲临终没说完的话了吗？

生：她希望儿子和女儿都能好好儿活。

生：她希望儿子能坚强地面对生活。

生：她希望儿子能珍爱生命，勇敢地活下去等。

师：是啊！这就是母亲最大的心愿。“好好儿活”，是这世间最质朴的话语，却寄予了母亲最纯粹、最深切的爱与希望。

2. 师：又是秋天，妹妹推“我”去北海看菊花。在作者眼里、心里，北海的菊花开得真美啊！让我们一起读读作者笔下这美丽的菊花。

（学生齐读描写菊花的语句。）

师：我们一起画出写花的形容词：淡雅、高洁、热烈而深沉、泼泼洒洒、秋风中正开得烂漫。同学们，看着这些花，你们觉得此时此刻的史铁生会想到什么？

生：会想到母亲。母亲最爱花，睹物思人。

生：会怀念母亲。淡雅、高洁、热烈而深沉，不就是母亲对儿子的爱吗？

生：这菊花让作者想起了母亲，这菊花也象征着母亲。

师：你们真正走进了作者的情感世界，体会到了儿子对母亲深切的怀念。还有没有其他补充，作者还会想到什么？

生：想到了人生。即使是在人生的秋天，也要像菊花一样开得烂漫、泼泼洒洒，绽放生命的花朵。

师：你的理解真的特别深刻，你读懂了史铁生对人生的思考。作者借花语诉说心语——要如菊般直面人生霜寒，绽放生命光华。所以，结尾三句，作者写道：我读懂了母亲没说完的话。妹妹也懂。我俩在一块儿，要好好儿活……找一位同学体会着作者的感情朗读这三句话。

生 1 读，师点评：我们听出了坚定；生 2 读，师点评：我们听出了勇敢；生 3 读，师点评：我们听出了决心；生 4 读，师点评：我们听出了从容。

师：我们一起读，读出作者“好好儿活”的勇敢、坚定和决心。

3. 师：21 岁起终生瘫痪，后来又患上尿毒症，脑出血，就是这样一位“主业是生病，业余写点东西”的人，却成为当代最具哲学思想的作家。双腿无法在现实中行走，就让思想在笔尖上行走。他体验到的是生命的苦难，表达出的却是明朗和欢乐。他用残缺的身体，表达出最为健全而丰满的思想。他用他的一生告诉我们，什么是“好好儿活”——真正的强者不会因为灾难而死去，而会因为它兴高采烈、泼泼洒洒地活着。“好好儿活”就是“铁生”！“铁生”就是“好好儿活”！

【屏显】他，主业是生病，业余写点东西；

他，是当代最有哲学思想的作家；

他，双腿无法在现实中行走，却让思想在笔尖上行走；

他，体验到的是生命的苦难，表达的却是明朗和欢乐。

“好好儿活”就是“铁生”！

4. 师：让我们再一起朗读课文最后一段，用声音传达出你们对“好好儿活”的理解。

（学生齐读第 7 段，在朗读中结束本课。）

在心灵深处下一场明亮的透雨

——《昆明的雨》设计解读及教学实录

教材分析

《昆明的雨》是统编版语文教材八年级上册第四单元的一篇自读课文。第四单元选入五篇散文，承载着学生了解不同散文的特点、把握各类散文在写法上的独特之处、体验作者独特情感和感悟深刻人生的学习任务。《昆明的雨》是汪曾祺的一篇写景抒情散文。文中作者回思昆明往事，用淡而有味的语言展示了昆明特有的民俗风情，倾诉了对那段诗意往事无尽的眷恋之情。作者将自己的深切情思和人生感悟隐藏在这篇课文的字里行间，景物、滋味、人情、氛围都信手撷来入文，紧扣对昆明生活喜爱和怀念这根情感的红线，语言看似平淡，实则意味悠长。散文作为一种文学体裁，初中学生要真正深入领悟它的魅力任重道远。这篇课文是自读课文，教师重在引导学生进行逐步渐深的学习过程，从而实现由教读到自读的真正转变。

学生起点

言我之志，抒我之情。散文是一种主体性很强的文体。散文教学要引导学生触摸作者的经历线和情思线，关注作者独特的体验认知。《昆明的雨》含蓄、空灵、优美、淡远，是汪曾祺一系列回忆昆明往事散文中最有代表性的作品。在上课之前，学生自主预习完成导学案。预习导学案中设置三个感知类问题：（1）昆明的雨有怎样的特点？（2）作者写了昆明的雨中哪些景物？（3）作者对昆明的雨怀有怎样的情感？从课上预习交流来看，通过自读课文，学生已对文章写了什么、表达什么能有比较准确的理解和领会。导学案中设置的生成性问题为“读完本文，你最大的感受是什么”。学生的回答止步于作者对昆明的喜爱和想念，停留于昆明的美景，而未理解这篇课文中寄寓的作者对人世间平淡生活的珍爱，在平凡日子中汲取诗意人生的态度。

目标终点

本文追忆当时情味、怀想诗意昆明。质朴的文人情怀、内心的美好追求等无限情思都凝结在点点滴滴的雨中，投射在被雨浸润的仙人掌、菌子、杨梅、缅桂花、木香花等种种景物上。寄托感情的载体越小，爱得越醇厚。《课标》明确要求，学生需“体味和推敲重要语句在具体语言环境中的意义和作用”，以此正确理解文字的深意和作者的深情。我们可以利用自读课文助读系统，以文后阅读提示为抓手，在寻找赏析景物美、滋味美、人情美、氛围美的句子中读懂昆明的雨独特的情味，体会淡而有味的语言风格。借助时代背景，进而读懂作者对诗意生活的追寻。教师将通过情境创设、对比阅读、情感诵读等方式引导学生浸润在课文的语言文字和人文内涵之美当中。

教学实录

第一环节：检查预习，以学生初读起点为基

1. 课堂导入。同学们，今天我们一起来学习散文《昆明的雨》。这个穿着粉色围裙的老人就是本文的作者汪曾祺。他是一位特别爱逛菜市场的作家。他说逛菜市场的过程就是构思文章的过程。他特别擅长写美食，特别擅长写生活本身。他的文字慰藉了无数人的心。正如他所说：当你累了，坐下来喝一杯不凉不烫的茶，读一点儿我的作品吧。接下来就让我们一起美美地沉浸在这场润泽万物的昆明的雨中。

2. 检测预习。

（1）字词检查。首先检查同学们的预习情况，请一位同学为我们读一下新

学的字词。

【屏显】鲜腴　青头菌　黄焖　鸡草茎　择净　炽红　桂花绿釉

（2）梳理课文脉络。请同学们抢答以下问题：

【屏显】①昆明的雨有怎样的特点？

②作者写了昆明雨中的哪些景物？

③作者对昆明的雨有怎样的情感？

（学生抢答后明确：①昆明的雨是明亮的，丰满的，使人动情的；②作者写了雨中的仙人掌、菌子、杨梅、缅桂花、木香花；③我喜爱昆明的雨，我想念昆明的雨。）

第二环节：深入文本，理解昆明雨的美感，体会作者的诗意文心

师：正如课文所说，昆明的雨是明亮的，丰满的，使人动情的，那使人动情之处恰是具有美感和诗意的地方。这是一篇自读课文，阅读提示是我们学好本课文的重要抓手。诚如提示所说，本文是一篇充满美感和诗意的作品，其中蕴含了景物美、滋味美、人情美、氛围美，请你们找出你觉得美的句子，美美地朗读一下，并做些圈点批注。

（学生默读并做圈点批注。）

师：同学们享受着昆明雨的美感，同时不要忘了，汉语是富有节奏和韵律的一种语言，把它读出声来，其中的美更能显现。

（学生朗读自己找到的语句。）

师：哪位同学找到了写“景物美”的句子？你为什么觉得它美？

生：“我确实亲眼看见过倒挂着还能开花的仙人掌，有些人家在菜园的周围种了一圈仙人掌以代替篱笆。”仙人掌倒挂着还能生存，还能开花，可见它的生命力之顽强。

生：种仙人掌来代替篱笆，仙人掌的茂密、蓬勃都可见一斑了。

师：理解得多么透彻。极肥大的仙人掌做篱笆，这旺盛的、蓬勃的、近于夸张的生命力呀！这就是景物之美！“滋味之美”，哪位同学找到了？

生：牛肝菌色如牛肝，滑，嫩，鲜，香，很好吃。

师：为什么“滑嫩鲜香”四个字中间要用逗号，而不是顿号呢？我们对比读一下。

（学生分别代入顿号和逗号朗读此句。）

生：感觉逗号让每个字都代表了一个层面，滑的感觉是不带一点儿纤维的，从舌尖划过。嫩嫩的，仿佛一咬就有汁水迸溅出来。天地间的鲜味儿都集中在这里了。咽下之后，唇齿间还留着那种香味儿。令人回味无穷啊！

师：多么美妙的味道，多么深厚的语言功底呀！

【屏显】（　　）这种东西也能吃?!

（　　）这种东西这么好吃！

师：请大家在括号里加入一个恰当的语气词，完成朗读设计。自己出声先读一下，一会儿来告诉同学们你加的是什么语气词，为什么要这样加？

（学生意趣盎然地读。）

生：我加的是“啊”和“哇”。“啊，这种东西也能吃？哇，这种东西这么好吃？”

师：能说说为什么这样设计吗？

生：书中干巴菌又丑又乱，听人说能吃时肯定让人很疑惑、惊奇，而尝到它的美味时，又让人多么惊叹，惊喜呀！

师：你调动了自己的生活体验，这是学好语文的不二法门。还有哪位同学想读？

生：咦，这种东西也能吃?！呀，这种东西这么好吃！

生：天呐，这种东西也能吃?！妈呀，这种东西这么好吃！

生：呵，这种东西也能吃?！哈，这东西这么好吃！

……

师：咱们同学懂生活也很懂吃，有望成为汪曾祺这样的大作家呀！谁读到了“人情美”的句子？

生：“缅桂盛开的时候，房东（是一个五十多岁的寡妇）就和她的一个养女，搭了梯子上去摘，每天要摘下来好些，拿到花市上去卖。她大概是怕房客们乱摘她的花，时常给各家送去一些。”

师：关于这部分，有位同学在预习时提出了一个非常有价值的问题。我们一起来看看。

【屏显】缅桂花为何使作者的心软软的，不是怀人，不是思乡，那是什么？

师：换言之，站在作者离家，独自在昆明的角度，设身处地想一想，作者为什么不用怀人，不用思乡？

生：寡妇带着养女，生活本来就辛苦，她们不计回报地送给别人花，作者感受到了来自她们的温暖和关怀，自然不必思乡了。

师：真是一位情感细腻又善于思考的同学。汪曾祺先生把昆明列为他的第二故乡，在这里看也不足为奇了。

师：同学们从哪里读到“氛围美”？

生：课文写雨中“我”在小酒馆中，院子里有密匝匝的木香花，一切都那么安静美好。

师：作者有感于这样的情味写了一首诗，我们来齐读，读后分享一下，这首诗给你们怎样的感受？

（学生齐读：莲花池外少行人，野店苔痕一寸深。浊酒一杯天过午，木香花湿雨沉沉。）

生：诗中前两句写小院寂静无人，后两句写当时的天气和景色，听着雨滴落在木香花上的声音，静谧又安详。

师：这位同学完全沉浸在优美的文字中，脑海里浮现出了画面，心中涌动着感情，口中读出了味道。这是朗读的最高境界，咱们给他鼓掌！课文研读至此处，我们领略到昆明雨的景物美、滋味美、人情美、氛围美。昆明的雨如此之美，以至于作者在想到昆明的雨时，所有情感都凝结为一句话——

生齐读：我想念昆明的雨。

师：想念是一种沉醉的、深沉的情感。我们试着将这种感觉融入文字中，慢一点儿，声音低沉一点儿去朗读它。（依次请几位同学动情朗读。）

师：有时间听雨，有心情赏雨，将寻常的雨之美写得如此透彻、如此淋漓尽致的作者，应该过着怎样的生活啊？

（学生纷纷回答：闲适的，愉悦的，惬意的，舒适的，自在的……）

师：可是并不是这样，孩子们，这是老师在汪曾祺散文作品中找到的一些内容。

【屏显】我在西南联大时，时常断顿，有时日高不起，拥被坚卧。

——《谈廉价书》

我们在联大新校舍住了四年，窗户上都没有玻璃。——《观音寺》

大门东外，有一次日本飞机机枪扫射，田地里死的人多。——《跑警报》

这地方是相当野的……有一个赶马车的人被捅了一刀，马车和身上的钱都被抢去了。——《观音寺》

师：日常生活如此不堪困顿，社会如此不安动荡，作者为什么还把昆明的雨写得这么美？

生：因为作者希望昆明是这样的，生活也是这样的。

师：你一语道破呀，堪称汪老的知己。让我们齐读汪曾祺先生的观点。

【屏显】我想把生活中真实的，美好的东西，人的美，人的诗意告诉人们，使人们的心灵得到滋润，增强对生活的信心信念。

师：所以，昆明的雨给了作者面对生活的勇气，热爱生活的信念，向往生活的憧憬，昆明的雨是滋润干涸心田的雨。力量总是在追忆昆明的雨时翻涌，所以他再次将对昆明的雨的情感凝注于笔端，他说——

（学生齐读：我想念昆明的雨。）

师：怎样读更好呢？

生：需要读得坚定一些，有力量一些——我想念昆明的雨。

第三环节：精研词句，理解语言之淡而有味，主题之形散神聚

师：作者在战火纷飞的年代看到的岁月静好，也如一场春雨润泽我们的心田。但是，名家也有遭受质疑的时候。我们看看汪老受到了怎样的质疑？（播放汪曾祺先生的儿子讲述趣事的视频：汪老的孙女小学时曾直言，爷爷的文章有两大问题：一是没词，一是主题不鲜明。）

师：先说没词，你们同意这种说法吗？为什么？

生：不同意。文中说宁坤给我要画时，“我想了一些时候，画了一幅”。这“一些时候”四个字就说明这幅画是经过作者深思熟虑的。

生：“草木里的枝叶里的水分都到了饱和状态。”其中“饱和”二字特别妙，感觉稍微用手一碰，仿佛立刻有水珠沁出，让人感受到浓绿又充盈的色彩和鲜活饱满的生命。

生：“她大概是怕房客乱摘她的花。”一个“乱”字，我体会到了房东的大方和对花的爱惜。

师：老师想为你们鼓掌。你们都有一颗文心，都懂汪老。我们看汪老是怎样说的。（播放汪曾祺先生讲述自己创作理念的视频《能不说的就不说》。）

师：平淡的语言中蕴含着深刻的意蕴，这就是我们所说的“淡而有味”的语言风格。主题不鲜明吗？

生：这是一篇散文，形散神聚。文章以作者对昆明的雨的喜爱和想念为线索，贯穿全文。所以，这篇文章主题鲜明，形散神聚。

师：是的，这想念，这喜爱，这诗意，这力量，都是这篇文章的神韵，这一切的一切，都来自昆明的雨，而这场雨，一直流淌在作者的生命中。让我们在朗读中体会这场润泽万物的昆明的雨吧。

【屏显】师：17 岁那年，我遇见昆明的雨，我有感于那天情味，写了一首诗：

生：莲花池外少行人，野店苔痕一寸深。

浊酒一杯天过午，木香花湿雨沉沉。

我喜爱昆明的雨。

师：38 岁那年，我被划为右派，被下放，我还忘不了那天的情味：

生：莲花池外少行人，野店苔痕一寸深。

浊酒一杯天过午，木香花湿雨沉沉。

我想念昆明的雨。

师：47 岁那年，“文革”开始了，我被关进牛棚，我还忘不了那天的情味：

生：莲花池外少行人，野店苔痕一寸深。

浊酒一杯天过午，木香花湿雨沉沉。

我想念昆明的雨。

师：57 岁那年，我陷入被审查的境地，查与“四人帮”的关系，我还忘不了那天的情味：

生：莲花池外少行人，野店苔痕一寸深。

浊酒一杯天过午，木香花湿雨沉沉。

我想念昆明的雨。

师：已过耳顺之年，我经历了许多，常常想起昆明的雨。

女生：尽管生活有不平，有坎坷，

男生：我选择满怀信念和憧憬。

女生：我只看见美好的东西，诗意的东西。

齐：我难忘昆明雨的景物美，滋味美，人情美，氛围美。

齐：我想念昆明的雨。

（师生合作，配乐朗读屏显内容，在朗读中结束本课。）

（山东省济南市济微中学　张超男）

专题三： 小说阅读

见一叶而知深秋　窥一章而见全貌

——《刘姥姥进大观园》设计解读及教学实录

教材解读——基于教材编写意图和单元目标

《刘姥姥进大观园》选自统编版初中语文教材九年级上册第六单元。执教本课需先通读第六单元的单元导读和《教师教学用书》中的单元说明。本单元人文主题为“人物百态”，选择中国明清白话小说中经典长篇小说的精彩章节，旨在引发学生阅读此类小说的兴趣，感受中国古典小说的魅力，了解其思想和艺术成就，加深对中华优秀传统文化的认同。四篇课文各具魅力，给学生不同的人生体验，展现其各具特色的艺术手法。例如《智取生辰纲》采用双线结构，展示了绿林好汉的智慧谋略。《范进中举》采用讽刺的艺术手法，展示了封建科举制度下儒生和周围人的命运及生活。《三顾茅庐》用一波三折的情节及衬托的手法从侧面表现出诸葛亮惊人的才华和刘备的礼贤下士。《刘姥姥进大观园》以小见大，以刘姥姥为线索展示了贾府风貌、封建贵族及小人物的生活。由此，我们确定本单元的学习目标如下。

1. 了解古代白话小说的艺术特点，把握小说内容，概括分析故事情节。

2. 运用小说要素分析方法联系全书，分析人物形象，提高对古典小说的赏析能力。

3. 学习用历史的眼光看问题，结合时代背景探究故事发生的原因，探讨小说表达的主题思想。

本单元的四篇课文均节选自经典长篇小说，教师既可以按照“定篇”来处理，“使学生彻底、清晰、明确地领会作品”，也可以当“例文”来处理，引导学生学习环境描写、人物描写、衬托等写作手法，还可以当古代白话小说的“样本”来处理，引导学生学会鉴赏乃至创作此类文学作品。但是无论如何，最终都服务于本单元的教材编写意图和单元目标。

教学重点——基于文本独有和学生所需

深度学习必然基于文本独有和学生需要两方面。《刘姥姥进大观园》节选自《红楼梦》第四十回。原题是《史太君两宴大观园　金鸳鸯三宣牙牌令》。这一回主要写贾母等人在大观园游玩、吃饭以及行令宴饮的情形。课文节选部分从刘姥姥在潇湘馆评论“老太太正房”和“潇湘馆”开始，经过紫菱洲，最后到秋爽斋的晓翠堂用膳。首先在本节中，刘姥姥的形象得以完整呈现：明知大家拿她取乐依然迎合，看似滑稽可笑，实则是她的朴素实在，聪明之处。其次，全书中刘姥姥三进大观园，这是第二次。小说以刘姥姥的视角，记述了贾府奢靡的生活，写活了贾府中的许多人物，并为一些人物的命运埋下了必要的伏笔。所以，这篇选文为我们管窥贾府生活，预知贾府未来命运，乃至整部小说的结局提供了精彩的画面和证据。最后，选文有多处精当的人物描写，尤其是第 7 自然段写众人笑态用词精准，堪称抓人物特征描写的典范。

对于九年级的学生而言，《红楼梦》是难解的鸿篇巨制，但是就本文而言，学生很容易就能梳理出小说的情节——一顿饭、一场笑剧，感知到刘姥姥的滑稽、粗俗、可笑、渺小，贾府生活的奢侈。但是笑剧背后的深刻内涵、刘姥姥朴素善良的一面、贾府奢侈华丽生活下隐藏的悲剧结局，是需要学生品读关键语句，通过教师点拨去深入挖掘来理解的。

由此，确定本文的教学重点是：理解“笑”剧内涵，领悟小说的多元主题，通过分析对人物多角度的描写把握人物形象，管窥作品主题。

教学内容——基于学生初读已知的深度学习

深度学习的重要理论支撑是建构主义学习理论。正所谓学生不是空着脑袋进教室的，我们的教学当是知而不教，教在学生不知处，以学生的不知为起点，基于文本价值，按照学生认知规律引导其向课文更广、更深处挖掘、迁延。所以，我们珍视并尊重学生的初读，以此来确定学生的已知、未知和想知、应知，进而确定教学的起点和终点，期待令人振奋的生成。

我们设计的预习导学案主要包括以下内容：搜集筛选并整理《红楼梦》、曹雪芹的资料，积累基本的文学常识；借助工具书学习并积累生字词；揣摩文中部分白话语言的意味；为在一定程度上实现本文的“定篇”和“例文”价值，布置学生自主阅读《红楼梦》第6回、第39回、第40回、第113回，了解刘姥姥三进贾府的相关内容。在导学案中，特别设计了一题，即预习完课文后你还有哪些疑惑、困难或想知道的问题。

借助预习导学案，学生们走进了文本，开启了初读，写下了自己的疑惑、问题及想知道、想了解的。这，就是我们教学的起点。由此，课堂将基于学生的不知和想知进行深入教学。这样，我们的教学有了深度，学生的学习有了深刻而有益的收获。

教学路径——基于语文能力的养成和培育

教学路径是实现教学目标的重要途径，是带领学生由不知到深知，由起点到终点的路径。本文在培养学生语文四大核心素养方面兼有价值影响，主要通过实现两个功能以达成教学目标。一是培养学生用历史的、思辨的眼光分析问题的思维能力，从而理解“笑”剧内涵，领悟小说的多元主题，立体地把握人物形象。这就需要教师在课堂教学中运用古今对比、小说要素分析、小组合作等方法调动学生的思维，引导其深入思考、深度学习。二是培养学生理解我国优秀传统文化及美德、鉴赏古代经典小说的能力，从而能整本阅读甚至鉴赏古代白话小说，并在传统文化中获得做人做事的有益启示。这就需要教师在课堂中采用情境教学法，让学生置身其中又联系实际生活，让学生在感性直觉的基础上反观自己对文本的感受与理解，进而形成鉴赏此类文学作品的能力。同时，启发诱导学生进行价值判断，最终从文中人物、故事情节、社会背景、传统文化及美德中收获做人做事的道理。

教学环节——具体教学流程

第一环节：检查预习，以学生初读起点为基

1. 课堂导入。

师：今天和大家一起学习一篇课文《刘姥姥进大观园》。这篇课文节选自中国四大名著之一《红楼梦》。我们先简单回顾一下《红楼梦》的有关知识。（教师板书：《刘姥姥进大观园》，曹雪芹。）

2. 预习检测。

（1）强化学生的文学常识积累。

【屏显】《红楼梦》是中国四大名著之一，是中国古代小说的巅峰之作，是中国封建社会的百科全书。它以贾宝玉、林黛玉的爱情悲剧为线索，讲述了贾、史、王、薛四大家族的兴衰，反映了封建社会晚期广阔的社会现实。

强调小说主题的“社会性”。《红楼梦》反映了封建社会晚期广阔的社会现实。

（2）检测学生对文中人物的掌握情况。

师：这样一部鸿篇巨制是从哪里开始写起的呢？让我们来看一段文字。请大家齐读。

【屏显】按荣府中一宅人合算起来，人口虽不多，从上至下也有三四百丁；事虽不多，一天也有一二十件，竟如乱麻一般，并没个头绪可作纲领。正寻思从那一件事自那一个人写起方妙，恰好忽从千里之外，芥豆之微，小小一个人家，向与荣府略有些瓜葛，这日正往荣府中来，你道这一家姓甚名谁……

（学生齐读。）

通过朗读，学生明确了作者曹雪芹是从四大家族之首贾家写起，但贾家一府就人多，事乱如麻，于是巧妙地从小人物刘姥姥写起。

师：那么今天就让我们跟着刘姥姥一起走进大观园，一睹四大家族之首——贾家的盛景吧！

第二环节：看大观园“百态”，梳理故事情节

1. 设置情境，跟刘姥姥走进大观园。

师：请大家看书，快速浏览课文，一会儿回答老师的问题。

（学生浏览课文。）

师：请问刘姥姥一进入大观园有什么感受？请用一个字来概括。

生：大！

（教师板书：大。）

师：你们是从文中哪里看出来的？

生：第一段，“人人都说‘大家子住大房’，昨儿见了老太太正房，配上大箱、大柜、大桌子、大床，果然威武”。

师：大家找得非常准。请圈出来，做好旁批“大”。

（学生做笔记。）

师：大家读得声音很洪亮，但是有一个字应该重读。

（学生重新齐读，明显地重读“大”字，突出大观园之大。）

2. 深入情境，寻刘姥姥的见闻感受。

师：再次读课文，去找找刘姥姥进入这样一个大观园，有哪些见闻感受。

【屏显】看大观园“百态”，梳理故事情节。

（学生再读课文。）

生：刘姥姥的游踪可以用几个地方来标识，分别是潇湘馆、紫菱洲、秋爽斋、晓翠堂。

师：通过这些名称我们可以感受到，这些地点的命名都非常________？

生：雅致。

（教师板书：雅。）

师：请大家旁批在书上。那么刘姥姥见到了哪些东西呢？

生：攒丝戗金五彩大盒子、乌木三镶银箸、四楞象牙镶金筷子、麈尾、漱盂、巾帕等。

师：通过这些物件我们发现，贾府的吃穿用度如何？

生：奢侈。

师：这个词用得很准确，请旁批在书上。那么我们再来看看刘姥姥见到了哪些人。

（人物是小说最重要的一个要素。为了利用学生的无意注意，给学生造成视觉冲击，教师巧妙设计并板书了文中的人物。）

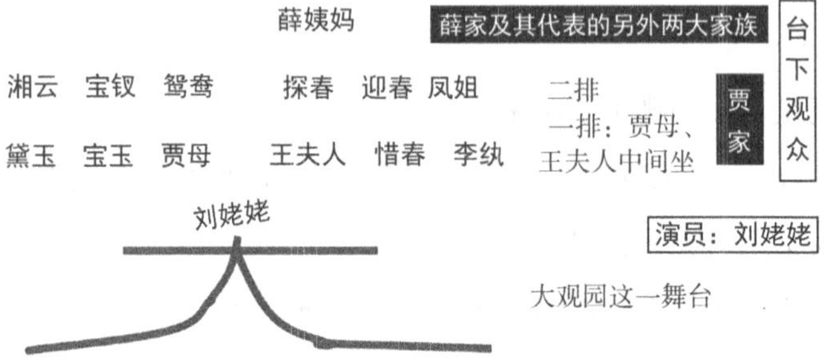

师：这群人一起干什么了？

生：吃饭。

师：这是一场简单的饭局吗？不是。那么这究竟是一场怎样复杂的饭局呢？请大家看课后阅读提示。这是一篇自读课文，我们要充分利用助读要件进行自主学习。

（学生朗读课后阅读提示。）

学生明确，这是一场“笑”剧。凤姐和鸳鸯是导演，刘姥姥是演员，其他人是观众。

（教师板书：将人名排列连缀为竹字头，下面的刘姥姥和“大”字连缀为“夭”字，组成“笑”字。如下图：）

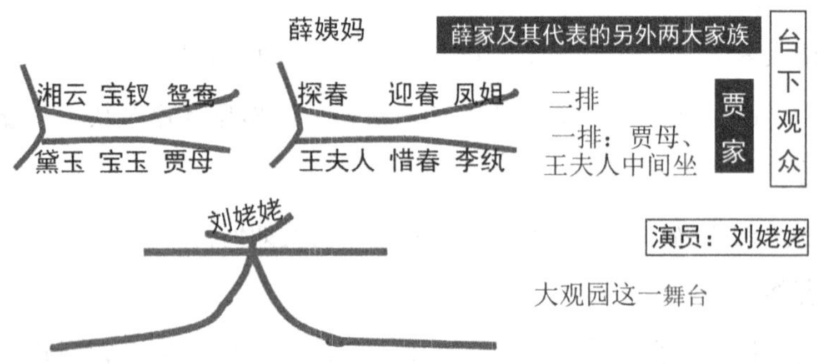

3. 深入笑剧，观众人百态。

（1）深入刘姥姥之“扮丑”。

师：这既然是一场笑剧，那么我们来看看作为笑料的刘姥姥给大家呈现了哪些笑点。

（学生迅速浏览课文。）

生：第6段。“刘姥姥见了，说道：‘这叉巴子比我们那里的铁锨还沉，那里拿得动它。’”

通过朗读和分析，学生感受并概括出刘姥姥的粗俗。

（学生再读，读出了粗俗的味道，但不浓重。教师让学生尝试用方言读，俗味十足！学生自发热烈鼓掌，并深刻体会到庄户人家的俗和古代白话语言的趣味。）

师：非常好！俗气十足！这是人物的语言描写。请做好旁批。还有什么笑点吗？

生：第7段。“老刘，老刘，食量大如牛；吃个老母猪，不抬头。”（学生用方言读，掌声又一次热烈响起。刘姥姥的粗俗朴实令学生印象深刻。）

师：很好！还有没有其他描写？

生：这样的描写在第9段也有几处。（学生读具体语句。）这真是一个滑稽可笑、朴素节俭、粗俗不堪，多面而立体的刘姥姥呀！

师：非常好！刚才我们梳理了这场笑剧中的主角刘姥姥呈现的笑点。作者主要是通过哪些描写来表现人物的？

生：语言、动作、神态。

师：这都是？

生：正面描写。

师：分析人物形象，我们还要看？

生：侧面描写。

（2）体悟众人之笑态。

师：是的，主角演得好不好，还要看看观众们的反应。所以接下来，大家去找找文中观众的反应。

生：第7段。

（学生齐读第7段。）

师：请大家给每个观众的笑各找一个典型动词。比如：湘云掌不住，一口茶都喷了出来。我可以找“喷”这个字，说湘云“喷”着笑。请大家在文中画出“喷”这个字。剩下的动词大家去找找。

生：黛玉伏着笑，宝玉滚着笑，贾母搂着笑，王夫人指着笑，薛姨妈喷茶笑，探春合碗笑，惜春揉肠笑。

师：太棒了！大家找得准极了！那么老师问，这些词能否换换位置，张冠李戴？比如，我说“黛玉滚着笑”“宝玉伏着笑”可否？

生：不行！黛玉从小身体孱弱，不敢大笑，所以才会笑岔了气，伏着桌子叫“嗳哟”，而且她不可能滚到贾母怀里。这个“伏”体现了黛玉的人物形象。

生：宝玉是贾府的宝贝，是贾母的心肝儿，他可以放肆地滚到贾母怀里笑，这体现了他奔放不羁的性格，以及他在贾府的重要身份和地位。但是黛玉不行。

师：大家说得非常正确！曹雪芹塑造人物形象的手法之巧妙、用词之精准，由此可见一斑！值得我们学习借鉴。我们自己写文章的时候也一定要精准用词，写出人物的形象和特点。好的，我们一起再来读一遍，感受观众们的百般笑态。

（学生齐读。）

师：至此，我们了解了这篇小说的故事情节和主要人物，这场笑剧似乎就这样结束了。但是对于这篇课文，有些同学还有一些疑问。请大家看黑板。咱们同学在初读的时候就带着质疑的精神，提出了不少问题。有问题才有思考，才能让学习走向深处。老师梳理了一下，列出了大家的问题清单，选取了最集中的三个，我们一起来看一下。

第三环节：悟大观园人生，探究思想主题

【屏显】悟大观园人生，探究思想主题。

问题1：刘姥姥明知道凤姐二人拿她取笑，为什么不生气，还积极配合卖力表演？

问题2：鸳鸯给刘姥姥说了什么悄悄话，让她听话去表演？

问题3：凤姐、鸳鸯为什么要策划这场笑剧来捉弄刘姥姥？（刘姥姥是客人，为什么二人还要捉弄取笑她？）

这是大家在初读时独立思考没有解决的问题，这些问题提得很有价值。给大家一点时间，咱们小组合作探究，看能否一起解决这几个问题。

（学生小组合作讨论这三个问题。老师巡视。）

1. 刘姥姥明知道凤姐二人拿她取笑，为什么不生气，还积极配合卖力表演？

生：因为刘姥姥二进贾府是来报恩的，她又想借此与贾府进一步搞好关系获取钱财，有求于对方，所以她积极配合，卖力表演。

师：有道理吗？我感觉你像是说到刘姥姥心里去了。我们再审一下这个问题：她为什么不生气呢？如果换作是你，提着东西去一个朋友家表达谢意，结果他这一大家子算计着取笑、捉弄你，你会生气吗？

生：会生气。

师：为什么会生气？

生：自己被取笑，没有被尊重，感觉很没面子。

师：嗯，没有面子，没有自尊。这里，刘姥姥却不生气，为什么？好，你来说。

生：因为贾府一家是贵族，是社会上层，而刘姥姥是一个农村老妇，是社会底层的人。在封建社会这种地位的差距之下，刘姥姥不敢生气，必须要积极配合他们。

师：非常好！她说了一个词，叫“地位差距”。（教师板书：地位。）

通过对文中出现人物的地位分析——特别是刘姥姥与贾母，她们同为老人，一个被取笑，一个被逗笑，是地位决定了二者差异——可以看出在封建社会中地位和身份决定了命运。

2. 鸳鸯给刘姥姥说了什么悄悄话，让她听话去表演？

生：只要你好好配合，好处一定会给你的！

（学生争相回答。）

师：但是鸳鸯到底给刘姥姥说了什么悄悄话呢？其实只有曹雪芹自己知道。这是作者使用的一种艺术手法，叫留白。请大家做好笔记。这种手法可以留给读者想象的空间，不同的人读后有不同的感受和收获。

3. 凤姐、鸳鸯为什么要策划这场笑剧来捉弄刘姥姥？（刘姥姥是客人，为什么二人还要捉弄取笑她？）

生：这个问题跟地位也有关系。因为凤姐、鸳鸯都在贵族家庭，而刘姥姥来自社会底层。策划这场笑剧取笑捉弄刘姥姥，最终是为了取悦贾母。因为贾母地位高。

师：可是刘姥姥是客人啊，为什么还要捉弄她？我们都知道，来者是客，我们中华民族的传统美德怎样待客？

生：以礼待客。

（教师板书：礼。）

师：但是他们有没有以礼相待？没有！反而是用一场笑剧来取笑捉弄刘姥姥。更何况刘姥姥是拿着东西来报恩的，他们应不应该取笑刘姥姥？

生：不应该。

生：同样是老人，一个被无底线地取笑，一个被众星捧月地逗笑，地位差异和众人态度有天壤之别。凤姐和鸳鸯这样对待刘姥姥这位老人、长者，这个家族失掉了一个“礼”字。

师：大家找一找，刘姥姥在这场饭局结束后说了一番什么话来表达自己的感受。

生：第11段。“别的罢了，我只爱你们家这行事！怪道说‘礼出大家’。”

师：请大家圈出关键词。什么叫“礼出大家”？在文中提到过吗？

生：第1段，“大家子住大房”。

师：这是一个怎样的“大家子”？住得雅致、用得奢华、家里还出了贵妃的封建大家族。又是当时四大家族之首，可以说是皇亲贵胄，封建社会的顶层家族，钟鸣鼎食、锦衣玉食。这种家族懂不懂礼？

生：懂！

（学生慢慢走向更深刻的主题，即这样的封建大家族，知礼不守礼，必将走向没落。）

师：是的。当时的贾府已经开始走向没落，贾家已渐渐“家散人亡各奔腾”了。所以那个时候的刘姥姥再回到贾府，还是站在这个大观园舞台中央当丑角被取笑吗？

生：不是。

师：而是什么？

生：站在一边成了一个观众。

师：所以这样一场笑剧变成了一场——

生：悲剧，哭剧。

（教师板书：由“笑”变“哭”，如下图。）

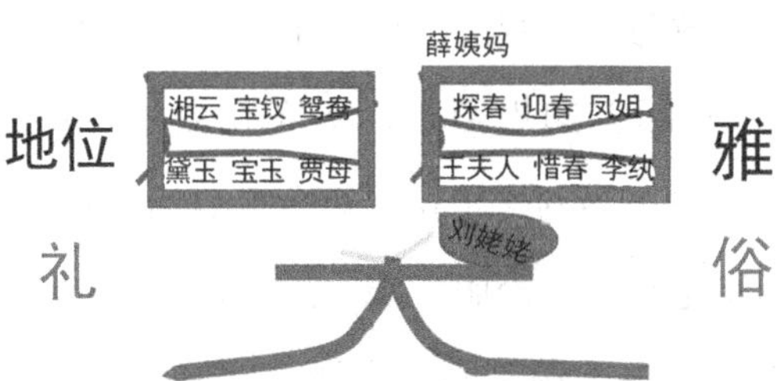

师：所以大家能看明白这场“笑剧”是怎样变成“哭剧”的吗？因为这个家族——

生：丢掉了礼。

（学生看到这个“哭”字，受到触动，再无笑声，陷入沉思。）

师：我们说“礼”背后的核心是什么？是“仁”！作为四大家族之首的贾

家都走向没落了，其他的三大家族会怎样呢？结局可想而知。所以我们再回到这节课的开头所说——《红楼梦》反映了封建社会晚期广阔的社会现实，进而大家可以想象当时的社会现实。再来看我们的主人公刘姥姥，刘姥姥一进贾府是在第6回，二进贾府是在第40回，三进贾府是在第119回。可以说，她见证了贾家的兴与衰，三进贾府串起了整个贾府的起与落，成为整本《红楼梦》的一条线索。曹雪芹使用的这种艺术手法叫“千里伏线”，请大家在课文标题处做好笔记。“千里伏线”是本书的一大特色。大家可以仔细阅读体会，葫芦僧乱判葫芦案也是一例。

（学生做笔记。）

师：到此，我们把握了全文的主人公是刘姥姥，故事情节是一场笑剧，当然最终会变成悲剧。我们再看一下这一场笑剧原本的“导演”和“观众们”。物质上，他们住得雅致、用得奢侈，但是他们的精神追求呢？

生：俗。

师：所以对于失掉“礼”的“雅”，实际上是“俗”了，即名“雅”实“俗”。反观刘姥姥呢？名“俗”实“雅”。

师：刘姥姥一进贾府拿到了凤姐给的二十两银子，就二进贾府来报恩，乃至三进贾府，几经周折救巧姐，所以虽是“千里之外，芥豆之微，小小一个人家”，表面上“俗”，实际上知恩图报，恪守礼数，体现了人性之美，可谓“雅”。我们再看这场笑剧，当刘姥姥在“舞台上表演”的时候，我们看台下众多观众开怀大笑。刘姥姥有没有冷眼反观，反笑他们呢？台下人在看我，我也在看台下人。所以大家想想这场笑剧的内涵，难道就是贾府看刘姥姥扮丑角？谁才是真正的笑料？

生：贾府的人。

师：是的。大家能否由此管窥到贾府及其所代表的几大家族？能否进而管窥到当时的封建社会制度及社会现实？

（学生思考。）

师：所以，这篇课文以及《红楼梦》这部小说的主题是多元的，我相信大家能常读常新。好，今天我们跟着刘姥姥走进大观园，有很多见闻感受。现在，我们走出大观园，驻足回首这一场笑剧。但是我们好像也笑不起来，我们似乎能感受到很多东西。那么，你们能否分享一下自己的收获或感想呢？

第四环节：回首大观园，感悟人生道理

【屏显】回首大观园，感悟人生道理。

生：品质和做人对一个人来说要比外表、物质、金钱更重要。贾府虽然有权有势，但是从刘姥姥身上可以看出来，良善重于权势。

生：一开始笑的人并不一定能笑到最后。开始不笑的也许能笑到最后。

……

（学生分享自己的感悟。）

师：大家的思考都很深刻。那么我也来分享一下此时的感想。

【屏显】雅不雅，俗不俗，岂不笑话！你笑我，我笑你，且看做人！

师：雅者不雅，俗者不俗，黑白颠倒，岂不成了笑话，岂不荒唐？你笑我（贾府人笑刘姥姥），我笑你（刘姥姥笑贾府人），且看做人。

（学生齐读，边读边深刻感悟。）

师：今天，我们一起跟刘姥姥走进大观园，管窥到了四大家族之首的贾家盛景，也管窥到了《红楼梦》一书和那个时代的一隅。《红楼梦》中还有哪些笑话，还有哪些且笑且悲的剧，还有哪些荒唐言、辛酸泪呢？请大家课下继续走进经典名著《红楼梦》，去品其中味，解其中理！下课。

（在电视剧《红楼梦》的片尾曲中结束本课。）

（山东省济南市阳光100中学　刘璐）

深探人性　叩问良知

——《猫》设计解读及教学实录

教材解读——基于教材编写意图和单元目标

教师执教本课需先通读统编版初中语文教材七年级上册第五单元的单元导读和《教师教学用书》中的单元说明。本单元各篇课文体裁各异，内容不同，但都与动物有关。本单元课文描绘了人与动物相处的种种情形，有的表达了对动物的欣赏、对其命运的关注，有的表现了人与动物的矛盾冲突。阅读这些课文，可以增进我们对人与自然关系的理解，加强对人类自我行为的反思，形成尊重动物、善待生命的意识，感悟生灵所象征的可贵精神。通过深度学习，学生在自我经验和作者经验、作品人物经验的相互融合中重塑自己心目中的文学形象，从而实现“理解作者情感”与“陶冶自身情感”的双重目的。

本单元的一组课文从不同的侧面记叙了人与动物的故事，反映了人对动物的了解和认识，展现了作者对人与自然关系的思考。但是，每一篇的主旨又不仅限于人与动物、人与自然，教师还应该带领学生读出其他丰富的内涵。例如《猫》一文，不仅仅局限于人与动物的相处之道，课文更深刻、更广泛的社会主题是其阐述的要义。课文叙写“我”与猫的故事，借此探寻人性的共有特点，阐发人生哲理，体现悲天悯人的情怀。《动物笑谈》不仅是一篇介绍动物趣事的科普文，我们还可以从中读出作者对生命的尊重与热爱，以及严谨求实的科学态度和为科学献身的宝贵品质。《狼》是文言小说，与前两篇不同，写的是人与动物间的斗争关系，表达了对恶势力决不妥协的态度。其实，在人与动物的关系里我们可以看到人类自我的投射，是人类对自身地位、行为的反思。由此，我们就可以领悟教材编者的意图，确定本单元的学习目标。

1. 人生经验：关爱动物，善待生命，思考人性与人生。

2. 语文经验：继续学习默读，边读边画出重要语句，学会做摘录；在把握段落大意、厘清思路的基础上，学会概括文章的中心意思。

教材以“人文主题”和“语文要素”双线并进的方式进行单元编排。这提示我们必须要具备整体洞察单元要素的意识，将单元内看似形散的教学内容统整为一个有机而连环的整体，为学生设置整体性的教学框架和彼此相连的教学板块。课文服从于单元，单元服从于整册教材，教材服务于课程目标。因此，在备课时，应该注意单元教学的整体性，仔细阅读教材单元提示、课后练习，从中发现教材“强调”的这篇课文的教学价值。在一节课或者一个教学设计的单位时间里，我们不可能涉及一篇课文内包含的所有教学价值，必须从文本定位、课文独有、学生所需的纬度选择合适的教学内容，以确保课堂的深度和教学的效能。

教学重点——基于文本独有和学生所需

一篇课文存在许多值得教的地方，首先要定位、聚焦课文的核心教学价值，即课文特质。其次要进行视角转换，指向学生所需，即学生语文素养的生长。

《猫》是现代作家郑振铎 1925 年写的一篇小说。小说以散文化的语言进行描述，文字质朴，娓娓讲述一段非常真实的生活片段。看似没有宏大深刻的主题，没有颂扬什么，也没有批判什么，只是描写人对待动物的真实情感。但是，如果我们把作品还原到时代中就不难发现，1925 年处于新文化运动后期，这篇课文有其独特的时代意义。课文通过人和猫的故事揭示了普通的、普适的人性，即包括对待像猫一样弱小、弱势的生灵或人的态度。人常常以个人好恶判断是非曲直，甚至会粗暴武断地做出不应有的伤害。作者含蓄而深刻地剖析了这种人性的弱点，并勇于拿起“针”，深深刺向这种人性，做出了深刻反省，勇敢地正视和反思这种人性的弱点。课文情感丰富，要引导学生透过“平平淡淡”“轻笼哀愁”的文字发现其深刻的文学内涵和社会性主题。所以，课堂引导中要通过反复诵读，通过品味细节和重点语句的情味，深入探讨课文的多重意义。

钱梦龙老师说过："我备课时最关心的问题，不是自己怎样教，而是学生怎样学——带着什么动机和情绪，以什么态度，用什么方法学。"因此，教师在分析教材的时候，不仅要想着教什么与怎样教，还要想着怎样引导学生学习。要考虑学生有哪些认知特点，学生原有的认知结构是怎样的，学生的兴趣点是什么。对于七年级学生而言，独立阅读，读懂作者伤害猫后的愧疚并不困难，但是能读出生命平等以及人性的省察是不容易的。不是所有人都具有"君子之德"。反思人性的多面性、反思生命的价值，对人、对物、对己勇于担当应有的责任，对于七年级的学生来说，需要在课堂的深度学习中慢慢领悟。

由此，确定本文的教学重点是：默读课文，讲述"我"养猫的故事，感知课文内容（预习中解决）；品读直抒胸臆的文字，理解"我"的情感变化及原因；细读关键语句，思考其中蕴含的深刻的人生哲理。

教学内容——基于学生初读已知的深度学习

学生在初始阅读中获得的感受、理解，遇到的障碍以及产生的疑问等原初体验，对我们确定教学内容、明确教学起点、与学生形成有效沟通是至关重要的。

我们设计了《猫》的预习导学案，在学生自读学力所达的范围内，引导学生进行更有效的预习。预习导学案中，我们设计了查阅字典积累生字、生词；通读课文后整理文章脉络，填写表格；思考为什么对于第三只猫的亡失，"我"的难过比前两只猫多；提出阅读存疑等。学生经过认真预习，一般都能理解大体文意，能读懂本文讲述的是"我"养三只猫的经历，以及"我"冤枉第三只猫的愧疚。

因此，在学生原有阅读基础上，让学生针对文中的事件、人物等进行深度理解，采取阅读与写作相结合的方法加深学生自身与文本内容之间的联系与互动，如重点针对文本内容所表达的思想感情、人生哲思进行研究与分析，可以在深度阅读过程中提升学生逻辑思维能力、审美能力以及表达能力。

教学路径——基于语文能力的养成和培育

本单元的语文能力生长点是继续学习默读，进一步培养学生默读和把握文章中心的能力。课文将着重培养学生养成默读习惯、提高默读速度、把握文章结构。指导学生在默读的过程中注意捕捉关键语句，即结构上起重要作用、着重表达情感的语句，从而理解课文的深层意蕴。因此，本文教学首先采用默读法，提高学生提取信息、概括内容的能力。在第三、第四单元学习默读的基础上，进一步培养学生默读和把握文章中心的能力。其次注重朗读，通过对关键细节和句段的朗读，唤醒学生细腻而微妙的文字感觉，引发真切而深刻的阅读体验。通过朗读，引导学生学会用声音和语言绘画。如王苏老师所说，朗读的“武器”分为音量、声调、语速、强弱、重音、停顿等。音量、声调层次越多越好，语速要快而不乱、慢而不断，重音则多体现在重读、轻读、慢读、颤读等与众不同的“重”上。用简单且不加修饰的语言去表达自己的感受，在潜移默化中加强学生对语文阅读的理解，为学生语文核心素养的课堂成长提供保障。

教学环节——具体教学流程

第一环节：检查预习，以学生初读起点为基

1. 课堂导入。

师：同学们，我们曾读过老舍笔下的猫，它古灵精怪，鲁迅笔下的猫，它谄媚虚伪。今天让我们一起来学习现代作家郑振铎先生的写实小说《猫》，从他讲述的猫与人的故事中品味生活。

2. 检测预习。

（1）字词积累。

师：语言文字是民族文化之基，同学们课下已经查过词典识记新词，下面我们请两位同学板书字词并解释成语。

忧郁　懒惰　怂恿　安详　怅然

蜷伏　叮嘱　惩戒　冤枉　虐待

畏罪潜逃

（教师纠正字词，学生齐读巩固。）

（2）快速默读课文，用课文关键信息梳理脉络。

要求：不出声、不指读；进行关键词句的圈点勾画，独立思考，完成表格。

【屏显】

	来　历	外　形	性　情	称　呼	家中地位	结　局
第一只猫						
第二只猫						
第三只猫						

（请三位同学口述表格，比较三只猫的异同点。教师明确：第一只猫，感受生命的新鲜与快乐；第二只猫填补了“我”及家人的内心空虚，最终亡失；第三只猫可有可无，被“我们”冤苦致死。）

第二环节：深入细节，体会“我”的情感

1. “猫”的可爱，让“我”感到生命的新鲜与快乐，“猫”的亡失又让“我”难过。三次养猫经历，“我”难过的程度一样吗？请同学们跳读课文，勾画出三只猫亡失后抒发“我”内心感受的语句，并谈谈你们的体会。

（一位学生朗读。）

【屏显】我的心里也感着一缕的酸辛，可怜这两月来相伴的小侣！

我也怅然地，愤恨地，在诅骂那个不知名的夺去我们所爱的东西的人。

我心里十分地难过，真的，我的良心受伤了，我没有判断明白，便妄下断语，冤枉了一只不能说话辩诉的动物。想到它的无抵抗的逃避，益使我感到我的暴怒、我的虐待，都是针，刺我的良心的针！

我对于它的亡失，比以前的两只猫的亡失，更难过得多。

师：请同学们比较一下三只猫亡失后，“我”情感的变化。

生：前两只猫亡失后，“我”心里是难过的，但没有对第三只猫更难过，因为“我”冤枉了它。

师：这位同学很善于抓关键词。是啊，当一个人因为自己的过失给别人带来伤害且没有机会弥补时，那么他在心理上将永远背负着沉重的愧疚的“十字架”。哪位同学再分享一下你的看法？

生：从篇幅上，关于前两只猫亡失的故事写得比较短，在情感表达上也就短短一句话，但是关于第三只猫的故事占篇幅一多半，情感抒发有五个自然段，详写的一定是重点表达了，从这一点上也足以看出作者更伤心。

（明确：作者养猫时的心情也是不断变化的：第一回由快乐转而辛酸；第二回更加快乐，最后怅然、愤恨；第三回，“猫”不讨人喜欢，最后受了冤枉，“我”内心深深悔恨。）

师：愧疚是比欢喜更牢固的情绪，诚如作者所言，这难以弥补的愧疚就像一枚“钢针”，深深扎在“他”良知的心田上，刺得很痛。

【屏显】自此，我家永不养猫。

（请一位学生朗读。）

师：其他同学有没有不同读法？

（一学生调动感情朗读，同学点评，肯定该生感情充沛，语气强烈，重读情感关键词“永不”，体会了作者的情感。）

2. 请同学们圈画“我们一家”判定第三只猫是吃芙蓉鸟元凶的“证据”。

（学生跳读圈画，并朗读交流。）

【屏显】(1) 那只花白猫对于这一对黄鸟，似乎也特别注意，常常跳在桌上，对鸟笼凝望着。

(2) 它躺在露台板上晒太阳，态度很安详，嘴里好像还在吃着什么。

师：第三只猫吃鸟的罪证充分吗？

生：不充分，仅仅凭借猫喜欢“凝望”芙蓉鸟，“似乎”“好像”是它，就断定了第三只猫的凶手身份。

师：是啊！罪证是不充分的，甚至都是想象的，“我们”一家人却不约而同地断定“一定是猫，一定是猫”，并且决定一定要给它“一顿惩戒”。请同学们找出这些断定的语句，融入当事人的情感读一读。

（学生找出“我”“妻”“三妹”“张妈”冤枉第三只猫的语句，教师指导学生抓关键字词声情并茂地朗读。）

3. 师：为什么大家在证据不足的情况下都不约而同地武断地认定第三只猫是元凶呢（妄下断语）？根本原因是什么？

生：“我们”一家人都对这只猫有偏见，不喜欢它，所以觉得吃鸟的坏事一定是它干的。

师追问：如果吃鸟事件发生在前两只猫的身上，结局会是这样的吗？

生：我觉得可能不会联想到是自己的猫干的，觉得它这么乖巧不会干出这种事。

生：也可能会怀疑到自己的猫，但是因为喜欢它可能就很快原谅了它。咬死就咬死吧，再买一只鸟就行了。

师：是的，你们想象的结局很有可能会出现。如果吃鸟事件发生在前两只猫身上，也许会风平浪静的。但是人一旦形成思维定式，对于似是而非的现象常常会做出错误的判断。这种以好恶判定是非的思维，不仅文中的“我”有，“我们”一家人都有。其实，我们每个人都有。这是人性的弱点。

第三环节：省察人生，解悟生命

1. 请同学们发挥合理想象，将自己想象成第三只猫，如果让你们代不能说话的第三只猫辩解，你们会说些什么？请把想说的话写下来。

（教师板书见“板书设计”中的左图。）

（配乐钢琴曲《眼泪》营造氛围。学生动笔表达，5 分钟后几名学生展示交流，有感情地朗读自己的文字。）

生：我想对作者说——主人啊，我做错了什么，你要这样对我。我之所以凝望芙蓉鸟，是因为我听到了黑猫想吃芙蓉鸟的计划，我是想保护它们。可能我以后再也陪不了你们了，那一棒子打在背上真的好疼啊！

师：它常常对着鸟笼望着。这怎么能成为吃鸟的罪证呢？世界上最大的苦痛不是身体受伤，而是心灵受伤害。

生：我想对妻说——你们并不知道我经历了什么，也不知道我为什么忧郁，你们曾经那么喜欢猫，为什么就不能给我投来一丝怜爱的目光呢？我跳到桌上凝望鸟笼，是因为我羡慕这对黄色的芙蓉鸟，羡慕大家给它们的爱。

师：每个人都有渴望爱的权利，你道出了最真实的心声。

生：我想对张妈说——冬日里，好心的你把我从霜雪里轻轻抱起，我还清楚地记得你粗糙掌心的温热。我们都是寄居主人篱下的，你是每天走近我，给我食物的那个人。周遭寒凉，你的恩情让我感到弥足珍贵！

师：张妈有嘴却默默不能言，她和这只猫的处境何其相似。

生：我想对三妹说——我也在反思我自己，虽然我长得不好看，但我是不是也能逗你开心？但愿你还能记得我曾经的好！

师：原来三妹之爱猫，并非爱一切猫，也是有选择、凭好恶的。从同学们的文字中，我们真切地听到了这只猫的心声。每一句话都诉说着实情，每一句话都诉说着冤苦。可它不能说话，“两个月后，我们的猫忽然死在邻家的屋脊上”。那只猫因这身体的伤害，更因这心灵的重创，永远地走了。

【屏显】我心里十分地难过，真的，我的良心受伤了，我没有判断明白，便妄下断语，冤枉了一只不能说话辩诉的动物。想到它的无抵抗的逃避，益使我感到我的暴怒、我的虐待，都是针，刺我良心的针！

（教师配乐范读，学生再读，教师点评指导语速、情感、重音等方面，直至学生读出真情。）

2. 师：知人论世，读文知人，请大家阅读屏幕上的补充材料。

【屏显】郑振铎（1898—1958），著名文学史家，文物考古学家，作家。他把文学比作“人生的镜子”，主张文学应真实地反映社会生活。

《猫》写于1925年，是郑振铎从事文学创作的早期作品。他深受“五四”精神影响，这一时期的作品表现出新思想、新观念；同情弱小无辜，谴责专制霸道；弘扬公道、民主、博爱的思想。

师：结合你们对补充材料的理解，我们再次齐读第30段，你们又能读出什么？

（学生齐读第30段。）

生：我读出了作者对第三只猫的愧疚。

生：我读出了作者的反省。

（教师擦掉板书中的“我”改为“自省”。）

生：我读出了作者对弱小生命的尊重。

（教师擦掉板书中的“张妈”改为“尊重”。）

师：是啊！万物生灵不存在高低贵贱，他们都是……

生齐答：平等的。

（教师擦掉板书中的“三妹”改为“平等”。）

生：我读出了作者勇于承认错误、勇于自我反思的担当精神。

（教师擦掉板书中的“妻”改为“担当”。）

师：大家说得真好。忏悔出于良心上的自责。在“我”看来，“我”和猫在这件事中的区别在于“我”能说话，它却不能；“我”是强势，它处于弱势。一个弱小的生命就这样在“我”的强势话语的围攻下、强势暴力的追杀下含冤死去。但是，有良知的人是能自我反省，有勇于担当的勇气的。人不怕有弱点、有错误，能正视弱点并解剖自己，勇于担当，才是人的可贵之处。

所以，能怀悲悯之心，平等、尊重地与万物相处，克服偏见，战胜自我，留给世界的将不再是偏见和冤苦，而是爱与和谐。

（教师此时擦掉板书中的“偏见”改成“爱”。）

3. 凡高尚的灵魂，都能以平等之心待人。让我们朗读这些发人深省的话语。

【屏显】回家的路上，不要因为兴致所至，就轻慢地划掉路旁的花朵。环绕我们周围的，也是有生存意识的生命，他们都深深地渴望圆满和发展。只有当悲悯之心涵盖一切生命时，才能达到最恢宏最深邃的人性光辉！

——艾伯特·史怀哲

【屏显】我不能保护一条小狗，我感到羞耻；为了想保全自己，我把包弟送到解剖桌上，我瞧不起自己，我不能原谅自己！……我不怕大家嘲笑，我要说：我怀念包弟，我想向它表示歉意。

——巴金《小狗包弟》

（学生齐读，教师简单介绍背景，体会悲悯情怀。）

4. 师：作家说，读好的小说，捧起前与放下后你已判若两人！同学们，你们有没有因为自己的偏见而冤枉他人的经历？读了本文后，你有没有新的思考？

生：有一次，我妹妹和邻居家小朋友打架。我以为是别人欺负妹妹，就狠狠地教训了他，后来才知道是妹妹抢人家玩具才起了争执。我无原则地偏袒了妹妹。这件事是我错了，我打算放学后向他道歉。

师：这位同学很勇敢，敢于剖析自己。课文中的“我”由于不喜欢而冤枉了第三只猫。这位同学因为偏爱妹妹冤枉了他人。但这位同学知道反思和改正，并勇于弥补过失，值得赞扬和学习。

今天的作业是，把关于这个话题的往事和思考写在周记本上，让我们也像作者一样来一次心灵的“探问”与“沉思”。好，下课。

【板书设计】

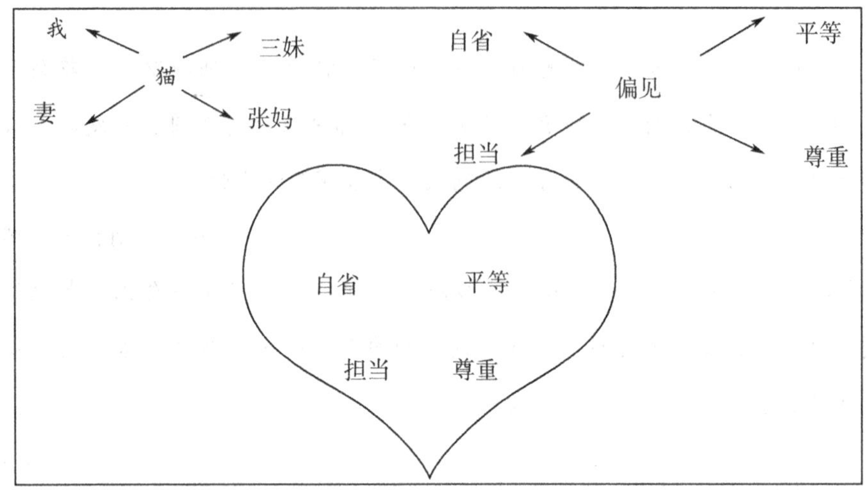

（山东省济南市第三十中学　唐玉洁）

（备课团队：秦丽、王震、王茜、李成宝）

专题四：诗歌阅读

品读两“归”深处 走近“乱世美神”

——李清照词两首《如梦令》《渔家傲》设计解读及教学实录

教材解读——基于教材编写意图和单元目标

执教本课需先通读统编版初中语文教材八年级上册第六单元的单元导读和《教师教学用书》中的单元说明。本单元的课文都是我国古代的经典名篇，从主题上来说，都与人的品格、志趣、情怀、抱负有关。本单元的每一篇课文，无论是文言文还是古诗词，都是中华优秀传统文化的代表，是对学生进行情感、态度、价值观教育的极好素材。阅读这样的作品，可以帮助学生涵养正确的人生观和价值观，培养健康的审美情趣，增加文化积淀。

领悟教材编者的意图，确定本单元学习目标如下。

1. 阅读不同体裁的古代诗文名篇，从不同角度感受古人的智慧和胸襟，提升自己的精神品格。

2. 进一步熟悉阅读古诗文的方法，反复诵读品味，提高阅读古诗文的能力。

3. 积累常见的文言词语和名言警句。

教学重点——基于文本独有和学生所需

《渔家傲》是第25课《诗词五首》中的最后一首词，《如梦令》是附录中的一首词，这两首词都是李清照的作品。按照“大整与小合”的整合理念，将两首词放在一起进行比较阅读，走近一代女词人，可以更深切地感受到她的精神世界。这是初中教材中第一次出现“词”这种体裁。学生虽在小学时学过有关词的知识，但不系统、不完善。学习词，要加强朗读和积累，要在朗读中体会词的韵律特点。

李清照是婉约派的代表人物，而这两首词都算不上婉约，为什么将其放入教材呢？我们先细读这两首词。

《如梦令》写于李清照的少女时代。无忧无虑、天真烂漫，三五好友小聚溪亭，饮酒畅谈，直至日暮，却忘记了来时的路，张皇失措地奋力划船，惊飞了栖息的鸥鹭。

《渔家傲》写于李清照47岁南渡时。当时靖康之变，北宋灭亡，南宋在纷乱与不安中拉开序幕。丈夫赵明诚也已然离去，家国俱失，李清照独自“雇舟入海，奔行朝”。这是一篇记梦之作，天空连接着一片云涛，晓雾迷蒙，星河流转千帆竞舞。李清照望着无边无际的大海，不知归处，迷惘而困顿。短暂的迷茫后，她想起了屈原，想起了杜甫，她找到了自己的归处。“九万里风鹏正举。风休住，篷舟吹取三山去！”即使幻化成大鹏鸟，也要展翅高飞，飞到属于自己的地方。

读懂词，再看单元目标“阅读不同体裁的古代诗文名篇，从不同角度感受古人的智慧和胸襟，提升自己的精神品格”。我们明确了，李清照不仅是婉约派的代表，还是“千古第一才女”，是“一代词宗”。她不幸中的坚定，困境中的倔强，厄运中的执着，是更值得学习的。教材将这两首词同时编入，目的在于让学生在比较阅读中领悟词作背后的“人”，领悟作品所彰显的精神品格。

我们将这两首词整合在一起，既要从“词”入手，体会不同体裁诗歌的韵律特点，又要“知人论世”，结合诗人生平和诗歌创作背景，理解诗歌中寄寓的情感和精神品质，从而实现“读一文知一人”的深度学习。

教学内容——基于学生初读已知的深度学习

一篇课文的初读权在学生手里。为找到学生的起点，我们设计了预习导学案，分四个部分：一是认识作者，介绍一下你了解的李清照，并列举你读过的她的其他作品；二是结合课下注解理解两首词的大意，在不理解的词句下面进行标注；三是对比阅读两首词，找找它们的异同；四是对这两首词提出你的困惑。

收起导学案，我们发现学生可以理解诗词大意，但是对于词牌和题目不甚了解。比如有学生问：“《如梦令》也是写梦吗”？更多的问题是关于如何理解“归”在两首词中的含义。学生在阅读起点之上进入课堂，那课堂教学的内容就应该是学生认知起点之上的深度学习。课堂的学习不应只在字面上徘徊，而应该走向作品的深处，走向关键文字的深处，走向作者情感的深处，走向以文化人的深处。

教学路径——基于语文能力的养成和培育

课文主要承担“有感情地诵读诗词”和“提升诗歌鉴赏能力”两个语文能力培养目标。

在诵读方面，应注意不同体裁诗词要读出不同的韵律、节奏。古体诗的句数、句式、平仄、用韵等都相对比较自由。近体诗则在句数、对仗、平仄、用韵等方面有严格的要求。而词被称为“长短句”，每个词牌都有相应的格律，但由于各句长短不一，较之近体诗显得自由灵动、富于变化、错落有致。

教学中还要将诵读和体会诗词情感结合起来。朗读有助于体会情感，情感认识加深之后又可以促进朗读，古典诗歌的诵读更是如此。不同的诗词会给读者带来不同的朗读感受，如《饮酒》之悠然，《春望》之沉痛，《雁门太守行》之悲壮，《赤壁》之慨叹。同是李清照的词，《如梦令》之悠闲、惊喜，《渔家傲》之困顿、豁然、豪迈，学生都应该在反复诵读中加以体会，用适当的语气、语调、重音表达出这些情感。

提高鉴赏诗词的能力可以从关键字词入手，要“知人论世”，结合词人的生平理解她的情感表达。这两首词写于不同时期，同是写景，一首清新，另一首开阔，一首是身边之景，另一首是想象中的景象；同写水，一首写小溪，另一首写大海；同写鸟，一首写鸥鹭，另一首写大鹏；同写归，一首写不知归处，其实心知归处，另一首写归何处、归帝所，迷茫中坚定自己的归处；同借景抒怀，一个是16岁开朗少女的世界，另一个是历尽沧桑却有自己坚守的强者精神。

即使在最困难的境遇里，也有对未来的展望和想象。在面对生活最苟且的时刻，也追逐自己的诗和远方。“九万里风鹏正举。风休住，篷舟吹取三山去!”这才是李清照。她清婉而又倔强，明朗而又刚强，是“一代词宗”，更是“乱世中的美神”。读词亦是读人。

教学环节——具体教学流程

第一环节：检查预习，以学生初读起点为基

1. 课堂导入。

师：李清照被誉为“千古第一才女”“一代词宗”。她有惊世的才华，亦有倔强的性格。今天，让我们一起学习她的两首词作。

2. 检查预习。

师：说说你们了解的李清照。

（学生只是大致了解她是济南人，宋朝婉约派女词人，还读过她的几首词。）

第二环节：初读品诗韵

师：三分诗，七分读。同学们，你们觉得读好一首诗应该注意什么？

生：读音、节奏、情感、声音、强弱、快慢。

师：看来同学们朗读的体验和经验都非常丰富。朗读能给予诗词阳光雨露，让诗中的生命更加鲜活。读诗有四读：读准字音、读出韵律、读出节奏、读出情感。

1. 读准字音。老师从读音准确的要求入手，找学生朗读。

师：读得字正腔圆，隐隐听到几个字有个别同学读得不是特别自信。我们再来加深一下：

兴——四声，兴致；嗟——一声，叹息；谩——同"漫"，空、徒然。

（学生正音后齐读。）

2. 读出韵律。

师：如同诗一样，词也用韵，我们一起找找这两首词的韵脚。

生：第一首，"暮""路""处""渡""鹭"。

师：押"u"韵，一韵到底，读来一气呵成，朗朗上口。

生：第二首，"雾""舞""语""处""暮"；"句""举""去"。

师：押"u"韵、"ü"韵，中间有个细微的换韵，其实也是作者情感变化的细微体现。诗的韵脚一般可以延音，这样朗读起来更有韵味，大家试一试。

3. 读出节奏。

师：这一遍要读出节奏，也就是七年级时学过的"停连"。"常记～溪亭日暮，沉醉～不知归路。"有停顿但停而相连，连而不断，可以让韵味更好地传达出来。同位一人一首，试着读出合适的停连。

（同位互相听读。）

4. 读出情感。

师：大家的节奏掌握得不错。"九万里风鹏正举"这句在哪里停顿合适？自己读一读感受一下。

生 1 读，师点评：我们听出了展翅的决心。生 2 读，师点评：我们听出了勇敢。生 3 读，师点评：我们听出了坚定。生 4 读，师点评：我们听出了豪迈。

师：让我们尝试着再读一下，读出两首词的"音乐美"。

（女生读《如梦令》，男生读《渔家傲》。）

第三环节：再读品诗境

（一）品析《如梦令》

师：要真正读好一首诗，还需要走近文字，走近诗人，体会作者的情感。

之前让大家做了预习，大家提出了这样几个比较集中的问题。我们就借同学们的疑问一起走近这两首词作。

1. 问题一：《如梦令》是描写实际的生活场景的，为什么叫“如梦令”？《渔家傲》是记梦之作，为什么题目叫“渔家傲”？

师：读文从题目入手，这是很好的阅读习惯，可是“如梦令”和“渔家傲”是词的题目吗？

生：“如梦令”和“渔家傲”是词牌名。词牌规定的是词的格律、曲调，不是词的内容。词一定有词牌，不一定有题目。

师：你对词很有研究。

2. 问题二：两首词表达的情感一样吗？两首词都提到的“归”，含义一样吗？

师：诗词的情感研究还要从具体的字词入手。这两首词都写了“归”。《木兰诗》中“将军百战死，壮士十年归”，是归来，归家的意思。那这两首词中的“归”呢？

生：第一首是“沉醉不知归路”；第二首是“仿佛梦魂归帝所”“殷勤问我归何处”。

师：《如梦令》中作者为何“不知归路”？

生：因为作者迷路了，“醉”了。

师：你抓住了诗词中很重要的一个抒情关键字——“醉”，这就是诗眼，读书可谓用心。请同学们圈画并做记录，继续思考：作者因何而醉？

生：与三五知己沉醉于美酒当中。

生：沉醉于美景之中——溪亭、日暮、小舟、藕花、鸥鹭。

师：想象一下那美景，用生动的语言描绘出来。

生：暮色四合，洒下它金黄的余晖。潺潺溪水澄碧，一座亭子宛在水中央。我们划船游荡，不小心进入了一片荷花池。一群水鸟惊飞，扑棱着翅膀飞向天空。

师：你的描绘让我们也沉醉在这美景当中了。现在请大家调动你们所有的感官，沉浸在诗词里，想一想会看到什么，听到什么，闻到什么，又会想到什么。让我们一同描绘一下这幅美景。（找学生顺次回答。）

生：看到了美丽的荷花池，接天莲叶无穷碧，映日荷花别样红，层层叠叠的荷花挡住了我的路。一群水鸟振翅纷飞，它们扑棱着翅膀，奋力从荷花深处向四处飞散……

生：听到了扑棱棱翅膀拍打的声音，水花四溅的声音，鸥鹭的叫声，我们的惊叫声和欢笑声……

生：闻到了花香，水的味道……

生：想到了快回家吧，不然要挨骂了。真高兴，真想一直在这里……

师：优美的景色总让人流连忘返，让我们读出那份美好。

（学生齐读。）

师：一切景语皆情语，抓住了景物就抓住了诗情。三五知己把酒言欢，一边喝酒一边欣赏美景。这景色是怎么遇见的？

生：偶遇，误入。

师：这是沉醉于——

生：沉醉于这场美丽的意外，藕花是意外，鸥鹭也是意外。

师：本来找不到回家的路了，是着急的。哪里读出迷路的着急？

生：争渡，争渡。

师：“争渡”是什么意思？

生：奋力地划桨。

师：让我们做做这个动作，读出这种慌乱、着急。

（学生两排分开，做争渡的动作。分层次朗读，读出慌乱。）

3. 问题三：作者为什么用“滩”字？“一滩鸥鹭”感觉有些难看。

生：滩是洲渚，水中的陆地。水鸟本来栖息在洲渚中，我们的慌乱惊扰了本在滩中休憩的它们，无数水鸟惊飞而起，带给了我们无穷的惊喜。

师：是啊！“溪亭”“日暮”“沉醉”“扁舟”“藕花深处”“一滩鸥鹭”构成了一幅完美的夏日郊游图。这画面里有美景，有美酒，有美人，更有美妙的生活和美好的心情。词人沉醉于这一切当中。

【屏显】少女时代的李清照有着得天独厚的家庭环境，有着幸福快乐的生活时光，有着开朗活泼的率真天性，有着妙手偶得的横溢才情。据传，这首《如梦令》曾被父亲李格非隐去名字给同僚士大夫看，得到大家的击节称赞，有人还以为是东坡之作，谁也没有想到它出自一位十六岁少女之手。

师：沉醉忘记归路，但家的方向即“归处”，可“我”愿意沉醉于美好。所谓“少年情怀自是得”，这首词不事雕琢，富有一种自然之美。让我们诵读出那份美好！

（学生齐读。）

（二）品析《渔家傲》

师：第二首词与第一首词有什么不同呢？“归”在哪里呢？

（学生齐读，思考、回答。）

生：寻找归路，在梦里。

师：的确，这首词作原题为《记梦》。梦是心灵的思与想。作者梦到了什么？这是一个怎样的梦境？

生：一、二两句梦到了“天际”“云涛”“雾霭”“星河”“千帆”。画面苍凉、开阔、磅礴。

师：一切景语皆情语，言为心声。作者为什么要描绘这样一幅画面？你们知道这首词写于什么时候吗？

生：南渡。

【屏显】靖康之变后，北宋灭亡，南宋在纷乱与不安中拉开序幕。丈夫离去，47 岁的李清照独自“雇舟入海，奔行朝”，继续南渡。家国俱失，这首词就做于那个时候。

师：李清照被称为“千古第一才女”。她用词相当精准，从哪些描写可以看出是在船上？

生：“接”“连”，视野开阔；“转”“舞”，飘飘摇摇。

师：作者梦到了什么？你们读出了什么？

生：还梦到魂归天宫，天帝问她“归何处”。可以看出她很无助、孤独。

师：“仿佛梦魂归帝所。闻天语，殷勤问我归何处。”归，指返回，回到本处。她找到归处了吗？齐读下片。

（学生读。）

生：没有，回答的是叹息。

师：作者一“报”、一“嗟”、一“谩”，“嗟叹”的是什么？

生：一叹：路长日暮；二叹：谩有惊人句。

师：此处的“日暮”跟《如梦令》中的“日暮”所指相同吗？

生：不同。《如梦令》的日暮就是黄昏时候，夏日美丽的黄昏，是写实。《渔家傲》的日暮更像是在说自己的处境如日暮。

师：结合这首词的创作背景，你们是否理解了她叹惋的“路长”“日暮”“学诗谩有惊人句”的含义？所以这句词里充满了一种怎样的情感？

生：迷茫、失望、孤寂、苦闷、无助。

师：让我们读出作者此时的嗟叹。

（学生齐读这两句。）

师：很好，不仅意思理解准确，还能借助其中的意象读出作者的情怀。在这里，老师要告诉大家李清照诗词创作的重要手法，那就是她在《词论》中阐述的判断好词的一大标准——“用典”。

【屏显】欲少留此灵琐兮，日忽忽其将暮。……路漫漫其修远兮，吾将上下而求索。

——屈原《离骚》

为人性僻耽佳句，语不惊人死不休！

——杜甫

师：屈原、杜甫有什么共同点？李清照为什么用这两个典故呢？

生：屈原、杜甫都在国破之时依然执着追求自己的理想，李清照也是。

师：用《富贵不能淫》中的句子来说，这就叫“不得志，独行其道”。她从不否定自己的才华，她有自己的方向。她的志向在哪里？

生：保家卫国。她写过“生当作人杰，死亦为鬼雄”“欲将血泪寄山河，去洒东山一抔土”。

师：你读书真多，可她是女子，空有才华，无力报国，“谩有惊人句”。我们再读这两句话，有这么多无奈、迷茫、苦闷。她究竟要到哪里去呢？

生：归何处——九万里风鹏正举。风休住，篷舟吹取三山去。

师：齐读这句话。

（学生齐读。）

师：你们是如何理解这句话的？

生：作者说要像大鹏鸟那样乘风高飞。风啊，你不要停息，把我的一叶扁舟一直吹到海上的三座仙山去。作者把自己想象成大鹏鸟乘风高飞，飞向海上的三座仙山，表达了作者想要摆脱现实的精神追求。

师：很好，不仅意思理解准确，还能借助其中的意象读出作者的情怀。在这里，也有两个典故。

【屏显】鲲鹏，语出庄子《逍遥游》。“鹏之徙于南冥也，水击三千里，抟扶摇而上者九天。”

三山，《史记·秦始皇本纪》载：“齐人徐福等上书，言海中有三神山，名曰蓬莱、方丈、瀛洲。”传说中的“三山”即海上的“三神山”，是神仙居住的地方，人皆向往之。

师：借助注解，谁来说说？

生：一是“鹏”，一是“三山”。作者想要幻化成“鲲鹏”，归去“三山”。作者想要摆脱困境与愁苦，追求理想的生活和理想的境界。

师：化作鲲鹏振翅去，海中三山是吾乡。归，是回家，这个“归”是心灵之“归”，止于根本、初心。其实，李清照一生都在寻找归路，少女时代游玩迷路找归路，中年和赵明诚在青州有过一段幸福时光，当时他们的家就叫作“归来堂”。也是那个时候，她自号“易安居士”，寻找心之所归，心之所安。人到暮年，国破家亡，物是人非，孑然一身，她最终找到自己的归处——三山！让我们读出李清照迷茫后的坚定，坚定中的坚守，坚守中的追寻，追寻中的理想。

（学生齐读。）

师：这就是李清照。此时的李清照不再是待字闺中的活泼少女，也不是国破家亡以泪洗面的弱女子。她有着真实的情感、真实的忧愤。我们从她作品的忧愁中读出了迷茫，从迷茫中读出了倔强，从倔强中读出了超脱，从超脱中读出了豪放。正如梁启超所言——此绝似苏辛派，不类《漱玉词》中语。李调元说——不徒俯仰巾帼，直欲压倒须眉。

（三）总结

师：这两首词，同写景。一首清新，一首开阔；一首写身边之景，一首写想象之景。

生：同写水，一首写小溪，一首写大海。

生：同写鸟，一首写鸥鹭，一首写大鹏。

生：同写归，一首不知归处，一首归何处。

师：其实《如梦令》心知归处，《渔家傲》是在迷茫中坚定归处。

第四环节：三读析词人

师：通过这节课，你们看到了一个怎样的李清照？

生：倔强、豪放、坚定。

师：这就是李清照——清婉而又倔强，明朗而又刚强。

【屏显】她出身书香门第，待字闺中，有少女的无忧、率性。“争渡，争渡，惊起一滩鸥鹭。”

18 岁与赵明诚结为夫妻，弹唱出一曲高山流水，琴瑟和鸣，即便有哀愁也那般轻柔。“东篱把酒黄昏后，有暗香盈袖，莫道不消魂，帘卷西风，人比黄花瘦。”

43 岁之后，人生所有的苦痛纷至沓来，南渡之苦，国破之痛，丧夫之悲。她抒写生命无法承受的沉重和浓得化不开的哀愁。“寻寻觅觅，冷冷清清，凄凄惨惨戚戚。……梧桐更兼细雨，到黄昏点点滴滴，这次第，怎一个愁字了得。”

但她更有巾帼不让须眉的追求与豪气，“九万里风鹏正举。风休住，篷舟吹取三山去”。更有为天地立心、为生民立命的中国文人“士大夫”的灵魂，“生当作人杰，死亦为鬼雄”。

师：这就是一代词宗李清照。她是不幸的，但她的不幸却融化成精神的力量，成为千百年来中国精神和文化之幸。她如同一轮清辉照耀千古。

师：最后，让我们感受着李清照的美丽，深情朗读她的《如梦令》《渔家傲》。

（学生深情地朗读两首词。）

李清照			
音韵顿情	如梦令	不知归路	醉
诗眼、景物 典故	渔家傲	归何处	梦
清辉照耀			

（山东省济南市第二十中学　纪春霞）

（备课团队：秦丽、燕志华、李玉山）

因为有根

——《回延安》设计解读及教学实录

教材解读——基于教材编写意图和单元目标

《回延安》是统编版初中语文教材八年级下册民风民俗单元中的一首诗歌。本单元选取的四篇课文，或表现各地风土人情，或展示传统文化习俗，从中可以看到一幅幅民俗风情画卷，感受多样的生活方式和多彩的地域文化，更好地理解民俗的价值和意义，增进学生对社会生活、社会文化的理解。让学生明白，越是民俗的，就越是世界的，就越是永恒的。

“民俗文化”是一条根，是一个精神图腾。这条根把这个单元的四篇课文牵连到一起，而且使得不同题材的文章都能“枝繁叶茂”。也就是说，这些课文的主题并不局限于民俗文化，它们有着多方面的意义和价值。我们要引导学生深入学习，发现并理解这些经典课文独有的语文核心价值。例如《社戏》一文，还表达了作者对未受现代文明污染的淳朴人性的期盼；《回延安》还表现了延安精神和社会主义建设热情；《安塞腰鼓》还表现了陕北高原人们蓬勃的生命力；《灯笼》则还表达了保家卫国的意志和热情。因此，教学时应开阔视野，尽力还原作品本身所具有的意蕴。围绕人文主题与语文要素这两个核心，确定本单元的学习目标如下。

1. 感知各篇课文所展现的民俗意象，理解其中民俗的价值和意义。

2. 朗读中把握全文的感情基调，练习重音和停连，注意语气、节奏的变化；在朗读中品味富有表现力的语言。

3. 学会仿写。准确把握写作上的特色，注重体会文章多种表达方式的综合运用，通过模仿、借鉴优秀作品学会描写场景。

教学重点——基于语文核心价值和学生的疑问

郑桂华教授说过，一篇课文在存在许多教学价值点的情况下，教学设计不仅应该关注文本的核心价值，更要抓住“语文核心价值”。重点挖掘课文隐含的语文学习价值，重点训练学生对语言的感受能力和表达能力，适当弱化课文中可能隐含的其他教育价值，比如科学普及价值、社会生活认知价值、生活能力指导价值等。

贺敬之的《回延安》是一首语言风格鲜明的当代抒情诗歌，采用信天游的形式写成。信天游是中华文化的“活化石”，具有我国西北地区文化和民风的显著特点，粗犷强劲，又略带原始的自由奔放。这首诗歌调用了一系列语言表达方式，如排比、比喻、拟人、叠词、比兴等，极具民族语言的特色。诗歌借用陕西独有的民俗意象，形象地把诗人对延安的深情厚谊表达出来。诗中铺排手法的使用、营造的民俗与诗经、“国风”、“汉赋”风骨相吻合，又与中国传统诗歌文化有明显的脉承关系。抓住这一点来设计课堂，以诗歌的表现形式——信天游为抓手，就抓住了学生的未知和本文的独有；以民俗意象理解诗人对延安的独特情感，这就是语文核心价值统领性的意义。

因此，了解信天游的特点和表达方式，理解诗人采用信天游的形式表达对延安的深情厚谊是本文教学的重点之一。

学习重点的确定还要看学生需要什么。《回延安》是贺敬之于 1956 年回到阔别十年的延安，参加西北五省区青年造林大会时创作的作品。此次回到延安，作者受到革命老区人民的热烈欢迎。他目睹了延安城的新貌，情不自禁地写下这首著名的诗歌，反映了 20 世纪 40 年代的延安斗争生活和 50 年代新延安的新生活，表达了那个年代的诗人以及普通人激昂澎湃的感情。八年级学生有一定的诗歌阅读能力，加之本诗情感显豁，读懂诗人回到延安时的激动、喜悦、兴奋之情并不困难。但是，毕竟这首诗诞生于 20 世纪 50 年代，诗中包含的地域文化及革命传统与精神离学生的生活与认知太遥远。学生通过预习后提出的质疑集中在两个方面：其一，诗人为什么把延安比作母亲？其二，延安精神的内涵是什么？

生活思想的深度是艺术作品深度的根源。诗人对延安有着儿子对母亲般的深情，这就是诗人情感的根。诗人曾生活战斗在延安，延安精神滋养了诗人，也滋养了千千万万个革命者，所以延安精神是诗人思想的根。学生的疑惑就是需要学习的重点。

由此，确定本文的教学重点是：

1. 了解信天游的特点和表达方式，理解诗人对延安赤子般的深情。

2. 通过反复朗读，把握诗中的民俗意象和革命符号，深刻理解诗歌传达出的延安精神和革命豪情。

教学内容——基于学生初读体验后的深度学习

为了更有效地带领学生进行深度学习，我们要先了解学生学习这首诗的起点，了解学生的未知和疑惑点，还要引领学生重视编者对于这首诗的解读以及课后练习题等助读系统的设计。结合这些关键资源，我们设计了预习学案：①基础知识：查字典积累生字生词；借助网络了解作者，了解此诗的写作背景。②梳理诗歌的抒情脉络：通读课文后概括每一部分的内容，并体会每部分抒发的情感有什么不同。（用概括第一节"因见到母亲（延安）而激动"这样的格式，概括第二至第五节的内容。）③圈画出富有地方色彩的词语，分析诗句中的修辞手法，并做批注，思考这些手法的作用。④写出你的疑问。

学生是带着这样的阅读起点进入课堂的，那课堂教学的内容就应该是教学起点之上的深度学习。学生提出的问题集中在这些方面：①诗人除了直接抒情，还通过哪些方式来抒发感情？②本文的抒情线索是什么？③如何理解"千万条腿来千万只眼，不够我走来也不够我看"和"身长翅膀吧脚生云，再回延安看母亲"？④这首诗为什么大量地运用了如"树根根""几回回"这样的叠词？⑤作者为什么把延安比作"母亲"？⑥什么是"延安精神"？

这些问题由浅入深，真实地反映出学生的认知。教学过程中教师根据学生的问题来教学，学生懂了的内容不讲。比如，这首诗中大量运用了比喻、拟人的修辞方法，学生对此非常了解，所以可以不做讲解。

而学生对于比兴、叠词的运用是不太了解的，借着学生分析“羊羔羔吃奶眼望着妈，小米饭养活我长大”的情感时，顺势分析这一句的句式特点。比兴手法和叠词的运用正是信天游这种民歌形式的特点。同时，“延安精神”的内涵与当时的社会背景是不可分割的，由于年代不同，所以学生不懂也是自然的，但是这是理解诗人对延安有赤子般深情和革命豪情的关键，所以需要老师补充“大生产运动”的背景知识，引领学生对团结、紧张、严肃、活泼生活中滋生的延安精神进行深度学习。

深度学习的具体内容还在于学生初读时常忽略，但重要的东西。臧克家评价这首诗歌：“情感浓烈，深切动人；字句美丽、朴素而又自然。”“不求深而自深，不雕琢而佳句自来碰手。”诗中大量采用了“宝塔山”“红旗”等红色意象，“白羊肚手巾”“窑洞”“米酒油膜”等富有地域色彩的意象，这些是文化之根，也是延安精神之根，需要重点学习。学生初读课文，往往只是对课文有个笼统的认知，不会沉浸于关键的细节或字句之中，不能从字里行间咀嚼出情感的深意。基于学生的初读，课堂教学要引领学生走进字里行间的细节深处，走进作者情感的深处，走进延安精神的深处。

教学路径——基于语文能力的养成和培育

语文能力中非常重要的一点是阅读能力。“文贵自得”，“自得”才能提高阅读能力。这对教师的“讲”提出了更高的要求。把时间“挤”出来，让学生多读，还要给予切实的指导。通过生生对读、师生评读等方法加以辅导，特别应重视中下水平学生朗读能力的提高。读中有导，导中有读，真正把朗读指导落到实处。

在把握诗作感情基调的基础上，在教学中进行朗读训练，让学生掌握信天游的形式和特点：节内押韵，形式活泼，节奏自由。同时使用了很多具有地方特色的词语，描摹了当地的生活细节和场景，富有浓郁的陕北地域特色。景物、人物、情感、思想，交融在一起，在朗读中体会，在朗读中领悟。

因为这首诗歌所反映的内容与学生实际生活存在差距，所以在导入环节老师做视频资料。以陕北民歌信天游《山丹丹开花红艳艳》为背景音乐，滚动展示富有陕北特色的风景风情资料，图文并茂地反映诗歌的内容——“白羊肚手巾红腰带”“南泥湾”“大生产运动”“宝塔山”等，方便学生理解。

课堂第三环节中补充了关于“大生产运动”的介绍，又借助吴伯箫的散文《记一辆纺车》中的一段话帮助学生理解“延安精神”的内涵。

延安精神滋养了一代又一代人，我们的革命者靠着这种精神取得了一个又一个胜利。所以，延安不仅给了诗人物质，更给了他精神上的滋养，因此诗人对延安充满着儿子对母亲般的深情厚谊。这样学生自然就明白了什么是“延安精神”，也明白了作者用信天游歌体的原因，因为这是延安母亲最熟悉、最喜欢的旋律。“我把信天游唱给你听”就是诗人的心声。

只有从学生的需要出发课堂才更有效。当学生的疑问在读、思中得到解决时，那会心的微笑让我们都觉得，基于学生的“感受”“疑问”“发现”来教学是多么重要。把“以生为本”真正落实到教学实践中，学生懂了的不讲，学生不懂的一定要讲透，这样学生才会有真正的收获。让学习真实地发生，让成长的笑容挂在脸上，让教学的幸福荡漾在心中，这就是语文深度学习的目标。

教学环节——具体教学流程

第一环节：以学生初读起点为基

1. 导入新课。

（背景音乐是《山丹丹开花红艳艳》，富有陕北特色的图片循环播放）

师：看到这些图片，听到这美妙的音乐，你能说出这是哪个地区吗？

师：今天咱们就来学习一首具有陕北特色的诗歌，题目是《回延安》，作者贺敬之。（教师板书课题、作者。）

2. 解读题目，理解“回”的内涵。

师：我们学习一篇课文，应该先从题目开始展开思考。看到这个题目，同学们你们有什么疑问吗？

生：为什么是“回延安”，而不是“去延安”或“到延安”？延安在哪儿？

师：根据预习学案，谁来说一说延安在哪儿？为什么作者用了“回”字？

生：延安在陕北。

生：延安是中国革命的圣地，是延安精神的发源地。

师：是啊，延安曾是中共中央所在地。今天仍有很多人向往那个非常神圣的地方。现在我就想“去旅游”。我用了动词“去”，为什么诗人却用了一个“回”字？根据你们的理解，“回”的一般都是什么地方？

生：“回”一般都用于“回家”。

师：延安是诗人的家吗？

生：不是。

师：我们通过查资料得之，诗人贺敬之是山东枣庄人。那为什么他说是“回延安”呢？课文字里行间告诉我们原因了吗？同学们，让我们大声朗读诗歌，从诗歌中寻找答案。

（学生自由朗读。）

师：同学们边读边圈画，你们读诗的样子真美。现在，请告诉我，诗人为什么用“回延安”？延安在诗人的心目中到底有着什么样的地位？

生：诗人把延安比作母亲，把回延安当作回去看母亲。

师：延安在诗人心中就是他的母亲，延安就是他的家。请同学们找出这样的诗句来佐证你们的观点。

生：第一部分的第三节：“千声万声呼唤你，——母亲延安就在这里！”

生：“母亲打发我们过黄河”“母亲延安换新衣”“再回延安看母亲”……

师：同学们既明确说出了句子的位置，又读出了感情，更读懂了题目。

第二环节：走入细处，理解诗人对延安的深情

【屏显】诗人16岁到了延安。他刚到延安的时候就兴奋得不得了，感觉像到了家一样，到了真正的家。1946年，他奔赴人民解放军的新战场，离开了延安。1956年，阔别10年，他又回到“母亲”身边，写下了这首诗歌。

师：阔别了10年，他对“母亲”有着怎样的情感？再次朗读圈画的相关语句。

（学生再次自由朗读。）

【屏显】（1）诗人表达了对延安怎样的情感？（2）除了直接抒情，诗中还有什么抒情方式？

1. 诗人对延安有怎样的情感？

师：同学们在预习中提出的这两个问题很有价值。诗言志，写诗就是要表达感情。先读第一处：“千声万声呼唤你，——母亲延安就在这里！”哪位同学来朗读一下？你想表达什么感情？

生：激动。诗人阔别10年又回到延安，见到日思夜想的母亲，是多么激动啊！

师：说得真好！

（引导学生注意重音和音调的处理，强调了“千声万声”。）

师：改成“声声呼唤你”可以吗？

生：“千声万声”采用夸张的手法，表达了诗人对延安的思念之情，情感更加突出浓烈。

师：夸张手法的运用比比皆是，请同学们找出来再进行体会。

生：“千万条腿来千万只眼，也不够我走来也不够我看！”

生：“一口口的米酒千万句话”“双手搂定宝塔山”……

师：是的，夸张的手法更加强调了诗人的情感，这是直接抒情。

2. 引导理解间接抒情。

师：词不离句，句不离段，段不离章。第一段中还有哪些句子表达了这种情感呢？静下心来，走入字里行间。

生：“满心话说不出来，一头扑在亲人怀。”“扑”这个动作表达了诗人当时回到延安无比激动的心情。

生：“扑”是指非常快地移动，速度快，力量大，体现了抑制不住的感情。

师：像这样的动词在第一段里还有，请你们再找找看。

生：“贴”“搂”“抓”“迎”……这些动词除了表达激动之情，还有喜悦之情。如“搂”，使用了夸张的手法。宝塔山，虽然搂不过来，但是诗人想象着就像搂着亲人一般。

生：“贴”，把黄土贴在心窝上，其实就是心贴心的感觉。

师：是的，一举一动显深情。请同学们读一读这些句子，深刻体会这些动词背后炽热的情感。

（明确：通过描写人的动作，诗人间接抒发了回到延安时的激动喜悦之情。）

3. 为什么把延安比作母亲？引导学生以第一节为例，朗读二至五部分，体会诗人的情感。

生：这种喜悦之情还表现在第三部分和第四部分。“亲人见了亲人面，欢喜的眼泪眼框框里转”“一条条街道宽又平，……一排排绿树迎春风”，这些句子都表达了诗人的喜悦和激动。

师：延安发生了巨变，换了新的面貌，诗人怎能不喜悦、感动呢？同学们，注意标点符号的运用。省略号省略了什么？

生：还有很多变化，写也写不完。

师：诗人用一系列的排比句写出延安的变化。看到这样的变化，除了喜悦激动还有什么样的情感？

生：我认为还有自豪之情：“对照过去我认不出了你，母亲延安换新衣。”延安发生了很大的变化，作为儿子怎能不自豪呢！

生：不仅自豪，还有赞美之情。

师：同学们沉浸在了字里行间，真正和诗人产生了情感的共鸣。齐读这两部分，读出喜悦、自豪、赞美之情！（引导学生读第二部分。）

生：第二部分中“手把手儿教会了我……”可以看出诗人对延安是有深深的感激之情的。

师：延安教会了诗人什么？

生：“东山的糜子西山的谷，肩膀上的红旗手中的书”，延安教会了“我”生产和生活的技能，教会了“我”无穷的知识，教会了“我”走革命的道路……

师：红旗和革命紧密相连。红旗是革命的象征。诗中提到的“宝塔山”“枣园的灯光”“延河”等都是红色符号，都是革命的象征，是延安为诗人指引了革命的方向。“手中的书”就是学会了知识。延安母亲不仅给了诗人物质营养，还给了他精神营养。对于这样的母亲，诗人怎能不怀着感恩之情呢？所以请同学们带着感激之情读这两句。

生：“羊羔羔吃奶……小米饭养活我长大。”因为小羊吃奶时是怀着感激之情的。

师：你的发现太珍贵了。这是这首诗中出现较多的一种句式。先说其他事物，引出真正要说的事物，这种手法叫比兴。请同学们从文中找到这样的句式，体会比兴的好处。

生：“树梢树枝树根根，亲山亲水有亲人。”“东山的糜子西山的谷，肩膀上的红旗手中的书。”……

师：比兴非常巧妙、含蓄地表达了诗人对延安的深情厚谊。请带着感情朗读。

生：这一部分的最后一句“革命的道路千万里，天南海北想着你”表达了诗人在革命道路中会碰到很多困难，但想起母亲延安，就有了克服困难的力量。所以也能读出感激之情。

师：是呀，你说得多棒啊！有位同学对第五部分的最后一句话“身长翅膀脚生云”有疑问。现在请同学们把这句话放到这个部分中再读一读。

师：再回延安，诗人希望看到什么？

生：发生更大的变化。

师：你希不希望这一天快点到来？

生：希望。所以就会想：我要是身长翅膀脚下生云该多好啊，这样那一天能来得快一些。

师：这位同学的成长进步非常明显。他从提出疑问到解决疑问，是在思考中完成的。你的方法是什么？可以分享给同学们。

生：读！反复读！我读出了对延安母亲的希望和祝福。

师：对，多读，书读百遍其义自见。你掌握了学习诗歌最重要的方法。

师：现在总结一下，同学们课前提出的那些问题大家都弄懂了吗？

①抒情方式和表达的情感？②诗人为什么把延安比作母亲？③本文的线索是什么？

生：诗人的情感这么复杂，我们读起来却很清晰。第一部分，因回到延安而激动，因回忆延安而感激，因看到延安的发展而自豪，最后是对延安的祝愿。所以他的抒情线索非常明显，是按照团聚、回忆、赞美、祝愿的线索来写文章的，条理非常清晰。

第三环节：走入深处，理解思想和精神之根

1. 延安精神是什么？（30 多位学生提了这个问题。）

师：诗人写下“东山的糜子西山的谷，肩膀上的红旗手中的书”这句话的时候，想到了当时在延安的大生产运动。

【屏显】大生产运动的多张图片。

（学生谈感受。）

师：延安，不仅给了诗人物质营养，还给了他精神营养；不只是在书中给了他精神营养，更在生活中给了他精神营养。大生产运动发生在抗战时期，日本侵略者突然对抗日根据地进行疯狂“扫荡”，实行“三光”政策，同时国民党也对我党进行经济上的封锁。我们遇到前所未有的困难。这个困难是各方面的，政治上的、经济上的、军事上的……怎么办？毛泽东提出了“自力更生，艰苦奋斗，丰衣足食”的号召。1942 年，在毛泽东的带领下，延安人民开展了轰轰烈烈的大生产运动。我们的军民在南泥湾开荒，在多年的荒地上种出了粮食。我们的总理亲自带头，参加纺线比赛。吴伯箫写的《记一辆纺车》就再现了比赛的壮阔场面。

【屏显】在党中央和毛主席的周围工作，学习，劳动，同志的友谊，革命大家庭的温暖，把大家团结得像一个人。真是既团结，紧张，又严肃，活泼。那个时候，物质生活曾经是艰苦的、困难的吧，但是，比起无限丰富的精神生活来，那算得了什么！凭着崇高的理想，豪迈的气概，乐观的志趣，克服困难不也是一种享受吗？

（学生齐读，三位学生谈对这段话的感受。）

师：这就是延安精神的核心，延安精神就是革命者的思想之根。带着这样的精神不论走到哪里都不怕。所以我们的党、我们的国家，筚路蓝缕，发展到今天，历经磨难，取得的伟大胜利和成就让我们无比自豪。同学们，这个母亲，不是普通意义上的母亲，是所有的革命战士、全体人民对延安怀有的共同的情感。延安滋养了一辈一辈的建设者，延安“艰苦奋斗”的精神让我们的国家越来越强大。

2. 信天游的特点和作用。

师：表达对母亲最深挚的感情最好用什么样的方式呢？用母亲喜欢的方式。所以诗人就把陕北的信天游唱给母亲听。

（引导学生概括信天游的特点。）

【屏显】信天游的特点：（1）两句一节；（2）押韵；（3）多用比兴；（4）在山野唱、在崖畔飘，自由奔放，热情浪漫。

（分五组分别朗读诗歌的五个部分，体会信天游的形式与诗歌内容的融合。）

师：信天游自由奔放，热情浪漫，是陕北独有的。诗中用了很多富有陕北地方色彩的词语，比如油馍、窑洞、白羊肚手巾、杜甫川、柳林铺……富有地方色彩的民俗意象更能表达对母亲的深情。

【屏显】越是民族的，越是世界的，越是永恒的。

师：臧克家说过："思想的深度，是艺术深度的根源。"民族内涵、延安精神就是这首诗歌传达给我们的永恒主题，也是诗人的思想之根、精神之根。而延安精神，正是我们的民族精神之根。让我们带着崇敬一起再读最后一节。

3. 布置课后练笔。请同学们用信天游的形式写一节诗，告诉贺敬之老爷爷延安和祖国今天的变化。

（山东省济南市济微中学　燕志华）

专题五：论述文本阅读

最好的学习是涵咏　最好的纪念是学习

——《纪念白求恩》设计解读及教学实录

教材解读——基于教材编写意图和单元目标

教师执教本课需先通读统编版初中语文教材七年级上册第四单元的单元导读和《教师教学用书》中的单元说明。本单元课文从不同方面诠释了人生的意义和价值。有对人物美好品行的礼赞，有对人生经验的总结和思考，还有关于修身养德的谆谆教诲。阅读这些课文，不仅可以理解人物的精神品质，同时还能提高自身的思想境界，引发学生对人生意义和价值的思考，学会珍视生命，规划人生。

《纪念白求恩》是毛泽东同志的一篇纪念性文章，是一篇悼词。作者对白求恩同志的逝世表示沉痛悼念，高度赞扬了白求恩的国际主义精神，号召全党学习白求恩毫无自私自利之心的共产主义精神。《植树的牧羊人》讲述了一位牧羊人在荒漠中默默无闻种树的故事。这位牧羊人让人相信：人类除了毁灭，还可以像上帝一样创造。《走一步，再走一步》是美国作家莫顿·亨特的一篇回忆性散文，记述了作者童年时克服恐惧、收获自信的一段往事。从生活中的一则插曲引申出的人生哲理深沉而令人信服。《诫子书》是一篇富含道德劝喻意味的家书，这是诸葛亮写给 8 岁儿子诸葛瞻的一封信，因文短意长，言辞恳切，成为后世学子修身立志的名篇。由此，我们可以领悟教材编者的意图，确定本单元学习的三个目标。

1. 理解作者对生活的思考，体味不同人生，学会思考，珍视生命。

2. 在第三单元的基础上，继续学习默读。在整体把握文意的基础上学习通过划分脉络层次、找关键语句等方法，厘清作者思路。

3. 从写作角度学会讲故事，学习“愿望 + 障碍 + 行动 + 感悟”的构思方法。

在备课时，教师应先以单元为整体架构，深耕文本，通读教参。而后根据不同的题材和学习重点，基于学生已知确定目标，优化设计路径。最后根据“生本课堂”“深度学习”的设计理念设计好课文的教与学。

教学重点——基于文本独有和学生所需

一篇课文的教学要依据“课文有什么”和“学生需要什么”来确定教学重点。

《纪念白求恩》是毛泽东同志的一篇纪念性文章，是当时党的最高领袖写的纪念白求恩的悼词。他的写作目的不仅是对白求恩同志的逝世表示沉痛悼念和赞扬白求恩的国际主义精神，更是为了号召和教育全党学习白求恩毫无自私自利之心的共产主义精神。全文以说理为主，兼有叙述和抒情，思路清晰，逻辑严谨。

从整篇课文来看，体会白求恩高尚的精神品质是重点，也是难点。白求恩作为一名加拿大共产党员，他的思想境界超越了国家和民族的界限。他不远万里来到中国，为中国人民服务，甚至把生命留在了异国他乡的土地上。这种无私的共产主义精神，体现出一名共产党员的博大胸怀。毛泽东运用凝练的语言、清晰的逻辑，将白求恩的这种精神展现得淋漓尽致。文中许多精彩语句值得细细品味。白求恩还有毫不利己专门利人的品德，主要体现在工作和人际交往方面，对工作极端负责，对人极端热忱。因此，对于白求恩精神的理解，补充人物相关资料的同时，学生需反复诵读，通过品味作者的语言魅力，从关键语句中体会白求恩的高尚品质。

教学重点的确定还要看学生的需要。对于七年级学生来说，白求恩所生活的那个年代距离现在比较遥远，理解起来也相对困难。因此在深入学习课文前，可先给学生播放白求恩的生平相关视频，并在讲解课文时穿插补充白求恩的故事，使学生真实感受白求恩的人格魅力。而对文中的“国际主义”“共产主义”等名词可稍做解释，重在联系学生生活实际，以拉近学生与白求恩之间的距离。白求恩的精神品质对于中学生人格塑造具有重大意义，他既有高远而宽广的思想境界，在工作和生活中又拥有良好的品行，同时掌握精湛的专业技能。毋庸置疑，他拥有健全的人格。对中学生来说，这一点无疑是本文学习的价值所在。所以说，纪念白求恩最好的方式是学习他。

由此，确定本文的教学重点是：通过反复朗读，体会作者的语言魅力，深刻理解白求恩的共产主义、国际主义精神，学习白求恩毫不利己专门利人的高尚品质。

教学内容——基于学生初读已知的深度学习

一篇课文的教学首先要明确学生的起点和课堂的终点。

学生预习时对课文内容和浅表情感的理解是已知的，这是课堂的起点。学生在预习时查阅字典积累生字、生词；通读课文后，圈画关键语句，用“在第______段中，毛泽东要求我们学习白求恩__________的精神”梳理文脉，初步感受白求恩的精神品质。以上这些是学生在预习时能够做到的，因此教师检查预习已知最多只占课堂时间的1/4，剩余的3/4着力于引导学生学习新知。

课堂教学的内容是教学起点之上的深度学习。深度学习学什么，还是要取决于课文独有和学生最需。除此以外，深度学习的具体内容还在于学生初读常忽略，但重要的东西。学生初读文本往往只是对文章有个笼统的认知，忽略了重点语句、字、词的亮点。课文第2段和第4段的语句值得品读。段中运用排比、双重否定等特殊句式，以及对比的手法来突出强调白求恩的精神品质。在教学中，应通过重读字词、改变句式、遣词造句、反复诵读等方式提高学生对关键词句的敏感度，从细节处咀嚼出人物独特的高尚品质。课文中的议论部分不是学习的重点，在本课，提高学生的人生境界更为重要，因此在教学中，基于学生的初读，淡化文体、减少有关议论文的文体知识教学，重点引导学生体会高尚品质，塑造健全人格，提升精神境界，深刻思考人生价值和意义。

教学环节——具体教学流程

第一环节：了解人物，梳理文脉，以学生初读起点为基

1. 导入新课。

师：同学们，我们今天来认识一个人。他是一位外国人，是一位共产党员，也是一位著名的胸外科医师。他对工作极端负责，为中国人民的解放事业做出了卓越的贡献。他曾经说过："手术台就是我的阵地。"他是谁？今天我们就跟随毛泽东的文章，一起来纪念白求恩。

2. 了解白求恩，梳理文章内容。

（1）默读课文的第1段，找出其中的记叙部分，圈画关键词，并完成白求恩人物档案。

【屏显】

姓　名	
职　业	
国　籍	
来华年月	
来华原因	
去世年月	
去世原因	

（学生圈画关键词并进行交流。）

师：以上信息都是我们从记叙部分获得的，同学们会发现第1段中记叙部分篇幅很短，但从这短短三行中我们就对白求恩有了较为清晰的了解，这些记叙的文字有怎样的特点？

生：简洁，凝练。

（学生进行旁批。）

（2）阅读补充资料，初步感知白求恩形象。

师：通过刚才的阅读我们知道，白求恩1938年来到中国，1939年11月去世，在中国待了不到两年的时间。在这两年中他是如何工作的呢？阅读下面的资料，谈谈你看到了一个怎样的白求恩。

【屏显】在恶劣的战争环境中，白求恩随部队辗转于荒凉的大西北，每天除了工作就是工作，用他的话说，过的完全是“高强度的生活”。在私信里，他偶尔述及1938年一年，其实不到一年的工作量：“去年我共行军3165英里，其中有400英里是徒步穿行于山西、陕西和河北三省。我共做了762个手术，检查了1200名伤员。我还重组了部队的卫生系统，写作和翻译了三本教科书，建立了一所医疗培训学校。”

（学生结合资料，谈自己对白求恩的初印象。）

（3）师：在毛泽东眼中白求恩又是一个怎样的人呢？我们来看一看毛泽东是如何评价白求恩的。

【屏显】请同学们默读课文，画出其中的关键语句，并用“在第____段中，毛泽东要求我们学习白求恩______________的精神”的句式把它表达出来。

生：在第1段中，毛泽东要求我们学习白求恩的国际主义精神、共产主义精神。

生：在第2段中，毛泽东要求我们学习白求恩毫不利己、专门利人的精神。

生：在第3段中，毛泽东要求我们学习白求恩对技术精益求精的精神。

生：在第4段中，毛泽东要求我们学习白求恩毫无自私自利之心的精神。

师：通过梳理文脉，同学们找到了白求恩许多优秀的精神品质。我们为什么要学习白求恩的这些精神品质呢？接下来我们深入探究课文。

第二环节：细读第2段，体会作者的语言魅力

1. 师：毛泽东号召每个人都要学习白求恩精神，但确实也存在“不少人”“一班人”，作者写到的这些人有怎样的特点呢？

生：不负责任、拈轻怕重、漠不关心、麻木不仁、见异思迁、轻视鄙薄。

（屏幕展示相关词语。）

师：这些词有什么共同点？

生：都是贬义词。

师：这说明毛泽东对“不少人”是持批评态度的。不管是过去还是现在，我们身边也存在这样的“一班人”。下面请同学们用这些词来造句，批评一下我们身边这样的人。

（学生造句批评，其他学生简单评价。）

师：通过刚才的批评，想必大家对贬义词的用法掌握得更好了。

2. 师：与“不少人”相反，白求恩又是怎样的人呢？我们一起来看一看毛主席对白求恩的评价。

【屏显】白求恩同志毫不利己专门利人的精神，表现在他对工作的极端的负责任，对同志对人民的极端的热忱。

（全体学生齐读。）

师：你们觉得这句话应该重读哪个词呢？为什么？

生：“极端”，因为极端程度非常高，体现了白求恩非常负责任，对人民非常热忱。

师追问：那能不能把“极端”换成“非常”？

生：不能，“极端”是最高的评价。“非常”的程度没有“极端”的高，极端更能体现白求恩的精神品质。

师：没错，正是因为他的“极端”，我们才会把白求恩作为榜样，学习他的精神，努力成为像白求恩一样的人。所以这句话应该重读“极端”。哪位同学愿意试着读一读？

（教师请一位学生朗读，其他同学进行评价。该生带领全班一起读。读出感情，读出气势。）

3. 师：作者写了不少人对工作和人民的态度，又写了白求恩对工作和人民的态度，这是什么手法？

生：对比。

师：作者为什么要把白求恩和“不少人”放在一起对比呢？

生：突出强调白求恩的高尚品质。

师：正是通过这样的对比，使得白求恩的形象愈发伟岸。对比之中，高下立现；对比之中，是非分明；对比之中，见贤思齐。向白求恩学习就是对他最好的纪念，所以，毛泽东在本段的最后号召每个人都要学习白求恩。

4. 师：面对极端负责任、极端热忱的白求恩，见过他的人又是如何赞美他的呢？

（学生快速浏览第 2 段，找出相关语句。）

【屏显】从前线回来的人说到白求恩，没有一个不佩服他，没有一个不为他的精神所感动。

师：这个句子有怎样的特点？

生：是双重否定句。

师：双重否定表示肯定，那我们把这句话改为肯定句试一试。

（学生改肯定句。）

【屏显】从前线回来的人说到白求恩，都佩服他，都为他的精神所感动。

（学生自由朗读双重否定句和肯定句，阐述哪一个更好。）

生：双重否定句更好。更加强调无一例外，语气十分肯定，突出白求恩的高尚品质，与一般的陈述句和反问句相比语气上更加斩钉截铁、毫不动摇。

师：如果我们想要读出斩钉截铁、坚定不移的气势，可以采取什么样的方法？

生：重读“没有一个不”，声音洪亮等。

（学生齐读屏幕上的双重否定句，读出斩钉截铁、坚定不移的气势。）

第三环节：品读第 4 段，深刻理解白求恩的精神品质

【屏显】除了一张日本人留在一座小林子里的 4 月 18 日的《日本宣传报》，我已经有六个月没有见到过英文报纸了。我也没有收音机。我完全与世隔绝。如果不是因为一天中有 18 个小时要忙于工作，我肯定会有不满情绪的。

我梦想咖啡，上等的烤牛肉，苹果派和冰激凌。美妙的食品的幻影！书籍——书还在被写出来吗？音乐还在被演奏吗？你还在跳舞、喝啤酒和看电影吗？铺在松软床上的干净的白床单是什么感觉？所有这一切在我境况好的时候都是可以轻而易举地得到的。这多么令人伤心！

——节选自白求恩的日记

1. 师：看了白求恩的日记，你们又如何看待白求恩呢？

（学生自由回答。）

师：1938年后半年，白求恩就已经非常苦闷了。他从一个相对发达的国家到了一个非常闭塞的地方，他甚至晚上要吃安眠药才能睡去。他的内心弥漫着无穷的孤独与苦闷，这是真实的白求恩。

师：既然中国条件如此艰苦，那他为什么还要来？

生：白求恩的共产主义精神使他舍弃优越的生活来到中国，帮助需要帮助的人民。

师：白求恩救治了无数中国人，为中国人民做出了巨大的贡献，但他终究是个人，是个有血有肉的人。他不是神，他是一个伟大的人，是一个毫不利己专门利人的人，也是一个会孤独、会苦闷的人。然而当他来到中国后，将自己一切的苦闷都埋在心中，毅然决然地走到了抗日最前线，最后牺牲在我们这片土地上。这就是一个充满共产主义精神的人，这就是一个大写的人！

2. 面对这样一个伟大而无私的人，毛泽东是怎么称赞他的？

【屏显】一个人能力有大小，但只要有这点精神，就是一个高尚的人，一个纯粹的人，一个有道德的人，一个脱离了低级趣味的人，一个有益于人民的人。

（学生自由朗读，礼赞白求恩；请几位学生一起朗读；选一名学生带领大家齐读，在深情诵读中纪念白求恩。）

师：同学们，最好的纪念就是学习白求恩的精神，最好的纪念就是成为像白求恩一样的人！因此我们要将毛主席的话牢记心中。让我们一起在诵读中感悟高尚精神，学习白求恩！

（以填空形式引导学生背诵语句。）

【屏显】一个人能力有大小，但只要有这点精神，就是一个____的人，一个____的人，一个____的人，一个______________的人，一个______________的人。

师：同学们，不管时代如何发展，我们的社会永远呼唤像白求恩这样充满共产主义精神的人。白求恩于1939年11月12日逝世，今天正好是11月12日，在这样特别的日子里，请同学们听老师朗读这首白求恩纪念诗，让我们一起在心中纪念白求恩、追忆白求恩！

（教师配乐朗诵。）

【屏显】秋风吹着细雨，延水奏着哀曲，

从遥远的五台山，传来了悲痛的消息。

我们用无边的哀悼，来纪念您！

这里——

河边的石头，山上的野草，也在为您流泪。

但是，亲爱的白求恩大夫，

您静静地安息吧！

在您的后面，全世界被压迫的兄弟，

已经起来了！

我们将追随您的光辉，

高举新医学的旗帜，

向白求恩开辟的道路，

勇往直前！

师：不管时代如何发展，社会永远都需要像白求恩这样大写的人！

（山东省济南市第十二中学　刘倩如）

（备课团队：秦丽、王茜、王震、董晶）

专题六：说明文阅读

完美的园林　说明的标本

——《苏州园林》设计解读及教学实录

教材解读——基于教材编写意图和单元目标

教师执教本课需先通读统编版初中语文教材八年级上册第五单元的单元导读和《教师教学用书》中的单元说明。本单元所选的四篇课文虽然内容不同，各有特色，但都是以说明事物为主的说明文。如《中国石拱桥》《苏州园林》介绍的是中国古代建筑；《蝉》说明的是昆虫的习性和成长过程；《梦回繁华》则介绍了《清明上河图》这幅传世名画的主要内容和艺术特点。阅读介绍中国建筑、园林、绘画艺术的文章，可以让学生了解我国在这些方面的卓越成就，感受前人的非凡智慧与杰出创造力。介绍动物习性的文章引导学生去发现大自然的奥秘，激发科学探索的兴趣。

本单元是初中阶段说明文起始单元，语文能力教学点是掌握说明文的特点，学习如何将一个事物介绍清楚。所以把握说明对象的特征，厘清说明顺序，学习使用恰当的说明方法，体会说明文语言的特点是本单元的学习重点。在此基础上，教师还要引导学生深入思考、探索课文背后隐含的文化内涵和人文情怀。例如，学习《中国石拱桥》一文，除了让学生了解中国石拱桥的整体风貌和特点外，还应该把课文作为一个例子，透过桥梁看到社会的发展、人民的智慧，增强学生的民族自豪感。《苏州园林》不仅要学习叶圣陶先生是怎样把苏州园林的古典美表现出来的，还要探究园林背后的文化因素。学习《蝉》一文时，除了把握蝉的特点和习性外，还要理解作者对昆虫的研究热情，感受文中蕴含的科学精神。学习《梦回繁华》时，还要引导学生注意体会《清明上河图》的艺术价值和社会价值，激发他们对中华优秀传统文化的热爱之情。由此，我们在准确领悟教材编者意图的基础上，确定了本单元的三个学习目标。

1. 把握说明文的文体特征，学会抓住特征来说明事物。

2. 了解常见说明方法，体会说明文语言的准确性、周密性。

3. 感受说明文求真求实的科学精神，激发对社会和自然的探索兴趣。

本单元的主题是“文明的印迹”。我们在教学中不能忽略单元的整体性与关联性，不能将课文分割开来进行单篇教学，而应该发挥教师集体智慧，将单元内容进行整合，确立单元教学目标和教学重点，再结合各篇课文的具体特点合理规划课时安排，进行有针对性的学习，指导学生学会阅读和初步写作说明文。

教学重点——基于文本独有和学生所需

一篇课文教什么，取决于两点，一是课文独有什么，二是学生最需要什么。

苏州园林又称“苏州古典园林”，是中华园林文化的杰出代表，有大大小小一百多处。这些园林的建筑、山水、花木各不相同，各有特点。要从这些面貌不同、风格各异的园林中概括出共同点来绝非易事。作者叶圣陶从小生活在苏州，对苏州的园林非常熟悉。他巧妙地以游览者的角度，从苏州园林给游人留下的印象着手概括出苏州园林的共同特点，再从各个方面分别加以说明。课文像是一把钥匙，打开了苏州园林之美的奥秘之门，引领我们体会古代园林艺术的成就。

《苏州园林》是一篇非常典型的事物说明文。说明文教学的重点要放在“明”字上，要帮助学生弄清作者是抓住事物哪些特征来说明的，是按照什么顺序，又是运用怎样的方法和语言来说明事物的。作者已经非常醒目地概括出苏州园林的总体特点，于是可以仿照叶圣陶对苏州园林的审美感悟，将好文章定性为“阅读者无论站在哪个点上，眼前总是一幅完美的图画”（课眼），并从篇章、段落、词语三个层面引领学生细致体悟"说明之美"。这样既能涵容文本的类性特征，又能深入揭示文本的篇性特征，显得境界高迥，灵气逼人，与夏丏尊先生称道的"寡兵御敌"智慧（围绕一个点，精心营构）极为神合。

教学重点的确定还要看学生需要什么。学生在小学阶段已经接触过一些简单的说明文，有了初步的感知。对于八年级学生而言，独立阅读，把握说明文的关键知识点并不困难，但是能通过深度学习读出园林背后蕴含的文化因素却是不容易的。此时选好切入点显得至关重要，教师可以先从建筑物的颜色入手，再适时补充背景材料，从园主人的人生追求中发掘园林向人们传递的文化信息，激发学生对苏州园林之美的深刻体验和热爱祖国灿烂文化的感情。

"课标"指出："语文课程丰富的人文内涵对人们精神领域的影响是深广的，学生对语文材料的反应又往往是多元的。因此，应该重视语文的熏陶感染作用，注意教学内容的价值取向，同时也应尊重学生在学习过程中的独特体验。"

由此，确定本文的教学重点是：厘清文章的说明顺序，了解苏州园林的特点。赏析文中的说明方法及语言，体会苏州园林之美，感受祖国灿烂文化。

教学内容——基于学生初读已知的深度学习

"课标"提出，阅读说明性文章要让学生读懂说明事物的特点，了解文章的基本说明方法，把握文章的基本观点，获取主要信息。说明文的主要任务是给人以知识，其教育价值在于训练学生筛选和加工信息的能力。像《苏州园林》这样的事物说明文，需要让学生提炼出说明对象、对象特征、说明顺序、说明方法、说明文的语言特点等。学生在初读时会产生课文写了什么、怎么写的初步感知。学生初读获得的这些感知是宝贵的，直接决定了教学说明文究竟教什么、怎么教的定位问题，为我们的课堂教学奠定了"起点"。要实现课堂的高效，教师就应该在学生已知处学会放手，在学生未知处和应知处下功夫。

为了让学生获得更有效的初读体验，我们为《苏州园林》一课设计了预习导学案。首先让学生明确本文的学习目标，然后进行课前预习：识记文学常识、积累生词、梳理文脉。其中梳理文脉设计了如下四个主要问题。

1. 找出苏州园林共有的特征。

2. 为了说明苏州园林的这一特征，作者用了怎样的行文思路？

3. 为了更好地说明苏州园林的特征，作者主要运用了哪些说明方法？

4. 学贵有疑，你还有哪些不理解的地方？请写下来。

学生经过认真预习，一般都能找出苏州园林的共同特点，画下各段中心句，还能用思维导图的形式画出文章是从哪几个方面来说明园林特征的。

学生的初读体验只是对文章整体的粗略感知和对表层知识的初步认识，往往不会关注文章的细枝末节，更不会去字斟句酌，领会文章深层次的意蕴。这就需要课堂教学在学生已有起点的基础上进行深度学习。对于说明文的深度学习，既要学习课文中重要的，但学生初读时容易忽略的内容，又要学习学生最需要的语文经验和生活经验。既要让学生知道是什么，还要让学生明白为什么。

教学路径——基于语文能力的养成和培育

基于语文能力的培养，课文主要承担提升比较阅读能力的目标。只有比较才有鉴别，才能提高认识，语文学习也不例外。从阅读技能角度为课文选择合适的教学路径——训练和提升学生的比较阅读能力。比较阅读法是最佳的语文阅读方法之一。它能开启学生的创造性思维，提高学生的阅读能力和分析能力，也能锻炼学生的语言综合运用能力。本单元的课文均为事物说明文，特别适合进行比较阅读训练。如《苏州园林》是从多方面说明事物，《中国石拱桥》列举两座有代表性的名桥（赵州桥、卢沟桥），并进行详尽说明，《蝉》是从科学研究的角度对其习性所做的一系列观察和实验记录，《梦回繁华》则从背景、作者、画作内容、艺术特点等方面娓娓道来。同样，比较也是《苏州园林》课堂教学的轴心，从比较段落用词到比较说明方法，从比较语言优劣到比较园林色彩。这比单纯地讲解、说明知识难度更大，但也更有利于深化学生对说明对象及说明文的理解。这种比较学习的方法不断刷新着学生的认知与体验，激发着学生的兴趣，拓展着学生的视野，提升着学生的思维品质。

教学环节——具体教学流程

第一环节：检查预习，以学生初读起点为基

1. 导入新课。

师：俗话说："上有天堂，下有苏杭。"苏州之所以获得"天堂"的美誉，在很大程度上与它有一批中国乃至世界闻名的古典园林有关。今天我们要学的这篇课文《苏州园林》也很经典，我们要学习叶圣陶先生是怎样用文字呈现苏州园林古典之美的。

2. 明确目标。

师：这节课的学习目标有两个，我们一起来明确一下：

（1）厘清文章的说明顺序，了解苏州园林的特点。

（2）赏析文中说明方法及语言，体会苏州园林之美，感受祖国灿烂文化。

（师生齐读目标。）

3. 检查预习。

（1）字词积累。

师：语文学习的基础首先在于词语的积累。课前布置大家独立完成预习导学案，下面我们检查一下同学们词语积累的情况。

【屏显】一生学案截图。

师：同学们出错比较多的是"因地制宜"的"制"和"重峦叠嶂"的"嶂"，分别写成了"治"和"障"。要想书写正确，必须从意思上区分同音字。"制"的意思是"制定"，"嶂"的意思是"山峰"。字义和字形结合起来识记才能实现理解性记忆。这种记忆是最稳固的。

（学生齐读两遍。）

（2）作家作品。

【屏显】作者简介。

师：请一位同学为大家介绍一下作者叶圣陶。

（学生进行作者简介。）

（3）抓住特征。

师：说明文是介绍事物特征的文章。本文介绍了苏州园林怎样的共同特征？

（学生齐答：务必使游览者无论站在哪个点上，眼前总是一幅完美的图画。）

师：其实，一篇好文章也应该做到：阅读者无论站在哪个点上，眼前总是一幅完美的图画。叶圣陶先生的《苏州园林》就是这样一幅完美的图画。那么，我们应该怎样去欣赏这样一篇好文章呢？下面，我教给大家一种方法：

【屏显】篇章：通览整体结构　段落：研读段落奥妙　词语：欣赏语言特色

（学生齐读。）

师：下面，我们就从篇章、段落、词语三个方面来学习这篇课文。

第二环节：厘清文章的说明顺序，赏析说明方法及语言特色

1. 篇章：通览整体结构。

（1）师：我们首先从篇章上把握整体结构。通过预习，我们已经知道第1、2段是总写。第1段是课文的引子，交代苏州园林在我国园林中的地位：苏州园林是我国各地园林的标本。第2段概括了苏州园林的总特点，我们一起朗读第2段文字。

【屏显】

（师）设计者和匠师们一致追求的是：

（齐）务必使游览者无论站在哪个点上，眼前总是一幅完美的图画。

（师）为了达到这个目的，他们

（女生）讲究亭台轩榭的布局，

（男生）讲究假山池沼的配合，

（女生）讲究花草树木的映衬，

（男生）讲究近景远景的层次。

（齐）总之，一切都要为构成完美的图画而存在，绝不容许有欠美伤美的败笔。他们唯愿游览者得到“如在画图中”的美感。

（师生合作朗读。）

师：读《苏州园林》要有散步的感觉，读慢一点儿会更好。因为这一段对全文特别重要，在这一段中叶圣陶先生把自己对苏州园林的态度、情感都表达出来了。让我们再读一遍。

（师生重读。）

师：请同学们把四个“讲究”背下来，看看谁背得快。

（学生自由背，教师抽背，学生齐背。）

（2）师：第2段是文章匠心独运的一个段落，它和后面的段落有什么样的密切关系？我发现同学们的学案上大多是这样填写的，请一位同学给大家解释一下你为什么这样填？

【屏显】一生学案截图：“梳理文脉”第二题图表

生：第2段是总写苏州园林的景色特点，后面几段是分写。第2段的四个“讲究”分别呼应第3、4、5、6自然段，它们之间是总分关系。

【屏显】一生学案截图：“梳理文脉”第四题“学贵有疑”

第7、8、9段与第2段有什么关系？为什么不用“讲究”？

师：我还发现有的同学在预习学案后提出这样的疑问，谁能帮他解答一下？

生：因为第2段还写了一句：“总之，一切都要为构成完美的图画而存在，决不容许有欠美伤美的败笔。”所以作者就在第3、4、5、6段后用第7、8、9段补充了一些景物。

师：这位同学用了一个词语“补充”，他抓住了问题的关键。的确，第7、8、9段都是作者补充的一些细节。也就是说，第7、8、9段和第3、4、5、6段比起来重要性要稍低，是由主到次的关系。这种由总到分、由主到次的顺序叫什么顺序？

（学生答：逻辑顺序。）

（3）师：同学们回答得非常好。老师对这篇说明文的结构之美做个总结。

【屏显】总段提纲又挈领　佳句美篇有担当

相呼相应分主次　眉清目秀好文章

师：来，咱们有节奏地齐读一遍，要轻松、快乐一点儿哦。

2. 段落：研读段落奥秘。

（1）师：接下来，我们进入第二个要点的学习：研读段落奥秘。下面我们就通过比较第 3 段和第 5 段的写法，破解说明文段落布局之谜。

【屏显】第 3 段和第 5 段的文字。

师：我们先齐读这两段文字。女生齐读第 3 自然段，男生齐读第 5 然段。

（学生分读课文第 3、第 5 段。）

（2）师：大家读得很好。下面请同学们从段落结构和说明方法的角度比较两段文字的异同点。

生：这两段文字都有一个中心句。第 3 段的中心句是第二句，第 5 段的中心句是第一句。

生：这两段都运用了做比较、打比方的说明方法，突出苏州园林和其他园林的不同之处。

生：第 3 段运用做比较的说明方法，突出苏州园林可绝不讲究对称。“绝不”表意肯定、一点都不含糊，合乎实际，用词非常准确。第 5 段运用了做比较和打比方的说明方法，突出表现苏州园林修剪栽种树木取法自然，符合中国画的审美观，生动形象，具体可感。

生：第 3 段还运用打比方的说明方法，生动写出了苏州园林的自然之趣，不讲究对称。

生：这两段都运用了举例子的方法，化抽象为具体，通俗易懂。第 5 段的“盘曲嶙峋的枝干就是一幅好画”还是打比方，写藤萝的古老典雅，符合中国画的审美观。

生：第5段是对第3段所写“不讲究对称”的扩写，它们在内容上是相互呼应的。建筑不对称，树木也不对称，这是一种深层次的理性提炼。

……

（学生踊跃回答问题，教师肯定学生的答案，适当引导补充。）

（3）师：在这里，叶圣陶老先生用他扎实的文字功底向我们展现了说明文的段落奥妙，那就是：

【屏显】中心句有奥秘　做比较是法宝　打比方更生动　举例子添劲道

（师生大声齐读段落奥妙歌。）

3. 词语：赏析语言特色。

（1）师：叶圣陶不愧为“优秀的语言艺术家”，即使是《苏州园林》这样的说明文，语言都写得相当漂亮！接下来我们进行第三个要点的学习——赏析语言特色。

【屏显】原文：假山的堆叠，可以说是一项艺术而不仅是技术……全在乎设计者和匠师们生平多阅历，胸中有丘壑，才能使游览者攀登的时候忘却苏州城市，只觉得身在山间……池沼里养着金鱼或各色鲤鱼，夏秋季节荷花或睡莲开放，游览者看“鱼戏莲叶间”，又是入画的一景。

改文：假山的堆叠，超越了技术……全在乎设计者和匠师们阅历很丰富，胸怀中有山水风景的形象，并深知其中趣味，才能使游览者攀登的时候忘却苏州城市，只觉得身在山间……池沼里养着金鱼或各色鲤鱼，夏秋季节荷花或睡莲开放，游览者看“欢快的鱼儿在莲叶之间不停地嬉戏玩耍”，又是入画的一景。

（两学生分别朗读原文和改文。）

生：“艺术”强调个人独创性的活动，其成果能给人以审美愉悦，并且无法被复制；“技术”意味着有固定的程序和手法，其成果是具有实际效用的东西，一般可以大量复制。原文强调的是苏州园林带给人的艺术感受，体现了说明文语言的准确严谨。

生：叶圣陶先生的语言精练简洁，改文的语言则稍微有些烦琐。比如“生平多阅历，胸中有丘壑”用了对偶的修辞手法，富有诗意，意境深远。

师点睛：这一句本身还是文言语言，使文章更典雅端庄。

师：我觉得“鱼戏莲叶间”的情景改文更好，还用了拟人呢！

生：我不这样认为。“鱼戏莲叶间”引自诗句，不但简洁生动，使文章充满诗情画意，还增添文章的画面感，有留白之美，引起人们的无限遐想。

（2）师：有画面感的文字一般是运用生动形象的描绘性语言，叶圣陶先生却能把准确严谨的说明性语言写得端庄典雅，富有画面感，真不愧为语言大师。所以我们在读《苏州园林》时，一定要结合作品语言方面的这些特点去体会。你们从文中哪些地方读出这种特点？请找出来读一读、赏一赏。

（学生以小组为单位品读交流。）

【屏显】（第6段文字及相应图片）有墙壁隔着，有廊子界着，层次多了，景致就见得深了。可是墙壁上有砖砌的各式镂空图案，廊子大多是两边无所依傍的，实际是隔而不隔，界而未界，因而更增加了景致的深度。

师：“隔而不隔，界而未界”是什么意思？体现了一种怎样的意境？同学们可以结合图片思考。

生：“隔而不隔，界而未界”的意思是，尽管乍看上去花墙和廊子把景致分开了，但因为墙壁是镂空的，廊子两边无所依傍，所以景致并没有被真正隔开，而只是缓冲了一下视线，使得景物不是一览无余地呈现在游览者眼前，而是逐次展开，给人一种“山重水复疑无路，柳暗花明又一村”的意境，给人一种如在画中、美不胜收的感觉。

生：“隔而不隔，界而未界”用词严谨，十分准确地写出了苏州园林的实际特点，典雅端庄，还增添了文章的画面感。

【屏显】阶砌旁边栽几丛书带草。墙上蔓延着爬山虎或者蔷薇木香。如果开窗正对着白色墙壁，太单调了，给补上几竿竹子或几棵芭蕉。

师：“几丛”“蔓延”“补”用得是否准确？“几丛”能否换成“几竿”或“几棵”？“蔓延”和“补”能否互换？同学们可以结合图片思考。

生：从图片上看，书带草是成簇成片生长的，无法准确计算棵数，所以用“几丛”符合书带草一片一片生长的特点，用词准确。

生：“补”体现了匠师们的细心和匠心，善于创造图画美，使单调变为多彩，用词准确；“蔓延”意思是像蔓草一样不断向周围扩展，写出了爬山虎或蔷薇木香的繁茂，让人想象到园林墙上的勃勃生机，充满了画面感。所以两个词语不能互换。

（3）师：现在，我们可以这样总结叶圣陶先生的语言特色：

【屏显】准确严谨的表现力　典雅端庄的文言范　过目不忘的画面感

（师生齐读。）

第三环节：比较阅读，品读苏州园林的文化内涵

1. 师：叶圣陶先生用准确典雅的语言为我们描绘了一幅幅完美的图画。下面请大家欣赏这样几幅图画。你们能看出哪个是苏州园林，哪个是北京颐和园吗？

【屏显】五幅图片。

生：左边的三张是苏州园林，右边的两张是北京的园林。判断依据是课文第9段。

【屏显】苏州园林与北京的园林不同，极少使用彩绘。梁和柱子以及门窗栏杆大多漆广漆，那是不刺眼的颜色。墙壁白色。有些室内墙壁下半截铺水磨方砖，淡灰色和白色对称。屋瓦和檐漏一律淡灰色。这些颜色与草木的绿色配合，引起人们安静闲适的感觉。

（学生朗读。）

师：建筑物的颜色也是形成其美感的重要因素。它不但能够给人带来视觉体验，也向人们传递着特定的文化信息，彰显主人的审美情趣。北京的园林与苏州园林分别侧重什么颜色？这种颜色有什么特点？为什么使用这种颜色？请结合文段内容思考回答。

请几位同学交流后，明确：

北京园林：颜色——彩绘；特点——浓烈、耀眼、富丽堂皇、雍容华贵；原因——象征显赫权势

苏州园林：颜色——广漆、白色、淡灰色；特点——不刺眼、清新淡雅、安静闲适；原因——？

师：看来大家没有讨论出苏州园林为什么倾向于白色和灰色。这是因为它的建造者与北京的皇家园林的建造者不同。陈从周先生称苏州园林为“文人园”。它的主人大多是文人墨客或是官场归隐的人。他们经历了很多人生坎坷，于是返璞归真，修林建园，渴望在自然山水中找到一个心灵归属之地，因此才有了这样一处处优美典雅的古典园林。

“沧浪亭”就是北宋诗人苏舜钦被当朝权势所排挤，闲居苏州时所建。这里有一个典故：屈原被流放时，途经沧浪河，遇一渔夫，对屈原歌曰：“沧浪之水清兮，可以濯我缨；沧浪之水浊兮，可以濯我足。”这是“出淤泥而不染，濯清涟而不妖”的另一种说法。他是以此劝说屈原不必以死明志来表明自己的清白高洁。既然无力改变“举世皆浊”的世态，就应该豁然地面对这一切。所以我们从苏州园林的自然淡雅中不仅要读出“虽由人做，宛自天开”的优美景色，还要读出园主人“朴素纯然，宁静致远”的人生追求。这种隐含在园林山石水木、亭台楼阁中的信息，我们要用心去感受。

2. 【屏显】退思园、拙政园等图片。

师：苏州园林不是指苏州的某一座园林，它是对苏州所有园林的总称。苏州有很多著名的园林，如“退思园”“拙政园”“沧浪亭”等。同学们猜一猜，园林的主人为什么会取这样的名字呢？它背后蕴含着怎样的苏州文化和文人追求？大家可以交流一下，课下也可以搜集素材，进一步深入理解。

3. 课堂小结。

师：同学们，苏州园林是我国各地园林的“标本”，叶圣陶先生的这篇

《苏州园林》也是说明文写作的“标本”。希望通过这节课的学习，能在大家心中留下园林艺术和说明文的这两个标本。

【板书设计】

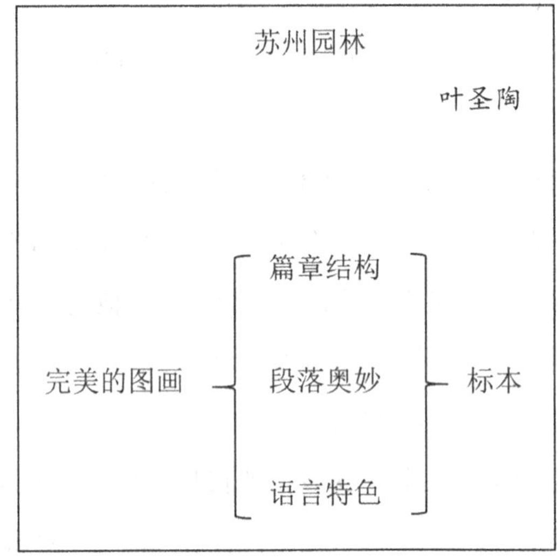

（山东省济南市第二十六中学　刘明君）

（备课团队：秦丽、燕志华、纪春霞、王江涛）

笑谈动物　敬畏自然　笑对生活

——《动物笑谈》设计解读及教学实录

教材解读——基于教材编写意图的单元目标

《动物笑谈》是统编版初中语文教材七年级上册第五单元的一篇课文。教师执教本课首先需要通读第五单元单元导读及《教师教学用书》中的单元说明。第五单元的几篇课文内容不同，体裁各异，但都是围绕着“生命之趣”这一主题。阅读这些课文，学会关爱动物、善待生命，学会与动物和谐相处，可以增进学生对人与大自然关系的理解，加强对人类自身的理解和反思，形成尊重动物、善待生命的意识。

特别要注意的是，本单元的课文从不同的侧面记述了人与动物的故事，关爱动物、善待生命这一主题是一读可知的。但是，每一篇课文的主题又不仅限于此，我们应该在语文课堂中带领学生读出其更丰富而深刻的内涵。《猫》这篇小说的主题是多元的，不仅有作者的自责反省、有对弱小生命的尊重与悲悯，还有中学生很难读出的对“人性弱点”的揭示与反思。《动物笑谈》这篇科普文章，字里行间蕴含着对动物的喜爱和欣赏，也体现着作者对生命和世界的态度。《狼》这一文言短篇小说中不仅有狼的下场带给人的启示，还能读出蒲松龄“写鬼写妖高人一等，刺贪刺虐入骨三分”，揭露和批判丑恶现实社会的笔法。基于以上解读，我们确定本单元的学习目标如下。

1. 人生经验：关爱动物，善待生命，学会与动物和谐相处，唤醒学生对人与动物、人与自然、人与世界关系的认知和思考。

2. 语文经验：继续学习默读，边读边画出重要语句，学会做摘录。

3. 语文经验：在把握段落大意、理清思路的基础上概括文章中心意思。

与动物有关的文章和话题一向是学生比较感兴趣的。本单元的课文篇幅较长，涉及的内容比较丰富，内涵也很深刻。因此，在单元目标的统领之下，根据课文特质分解单元目标分解，精准确定每一篇课文的教学重点。以学生的初读感知为教学起点，从学生有疑处入手，把思维及情感引入深处。通过简约而高效的学习活动，实现“语文经验”和“人生经验”双重提升的目标。

教学重点——基于文本独有和学生所需

根据初中语文深度学习的实施策略，一篇课文的教学价值在于两点：课文独有和学生所需。

《动物笑谈》是一篇有趣的科普作品。作者是动物行为学家劳伦兹。这篇课文就是他动物行为学日常研究的真实记录。作为一篇科普作品，本文承担着向大众普及科学知识的功能。文中所涉及实验中的疑问是科学研究中再正常不过的事情。作者把他的疑问和研究过程娓娓道来，用诙谐幽默的语言拉近了和读者的距离，给人以亲切感。课文选取的四个场景都十分有趣，作者风趣的笔墨下包含着对动物、对自然的挚爱，对生命的尊重，以及严谨求实的科学态度和为科学献身的精神。对文本中这些精神价值的感悟包含两个层面：一是就语文经验而言，从本文文本出发，通过默读能用勾画重点语句的方法梳理文章思路，了解动物趣事，在字里行间感悟到其中的精神内涵；二是就人生经验而言，感受课文中作者对动物的尊重，从而热爱自然，关爱生命，乐于认识科学奥秘，并感受作者对生活“笑谈”的态度。

确定教学重点还需要了解学生须从文本中获得什么。七年级的学生对于动物体裁的作品表现出浓厚的兴趣。阅读这篇课文，幽默风趣的文字带给学生一次人和动物和谐相处的情感体验。同时，七年级的学生也具备了一定的阅读能力和理解能力，通过课文风趣的文字理解关爱动物、善待生命的主题并不难。学生也能够感受到科学工作者专注忘我的精神和极高的专业素养。深度学习的语文课堂的可贵之处在于从文本特质出发，带领学生深入探究文字背后作者科学研究的专注、严谨，以及从作者的经历中读出的他对生命的态度和对世界的态度，同时也对动物的友情世界及相类似的人类行为本身，产生更深层的了解，得到心同此理之感，从而体会生命的真谛。

由此，确定本文的学习目标是如下。

1. 阅读经验：通过默读能用勾画重点语句的方法梳理文章思路，了解动物趣事。

2. 写作经验：寻找笑点，品读语言，学习文章科学严谨而又传神生动的笔法。

3. 人生经验：在“笑”中感受作者对生命的尊重以及严谨求实、为科学献身的精神；树立“笑”对生活的价值观。

教学内容——基于学生初读已知的深度学习

苏霍姆林斯基说过：“学生学习的一个突出特点就是他们对学习对象所采取的研究态度。”具体而言，就是引导学生在兴趣和质疑中学会学习。这正是深度学习的教学起点所在，即基于学生的初读已知。高效的课堂绝不在学生初读已知处徘徊不前，而应该在学生有疑处和重要且易忽略处深耕细作。

《动物笑谈》这篇科普文文章篇幅较长，可在默读的基础上借助预习导学案，在学生自读学习力所达的范围内引导学生进行更有效的初读。预习学案中设置了四项学习任务：首先明确本课的学习目标；其次了解作者，查找有关作家、作品的资料；借助字典等工具书，积累字词；默读课文，用“______”画出在内容和结构上起重要作用的句子，理清文脉，概括科学家和动物之间的趣事等。经过预习这一环节，学生一般都能对文章内容有整体的感知，能够概括文中四个有趣的场景，读出劳伦兹对动物的热爱、对真理的探求。

学生是在这样的初读经验的基础上进入课堂的。课堂教学就是以此为起点的深入探究、思考与表达。学生初读这种科普类文本，理解、概括内容几乎没有难度。这种情况下，学生容易忽略课文字里行间表达的深意，不会沉浸在关键的细节或字句之中，无法从字里行间咀嚼出课文蕴含的深意。所以，这就是深度学习的重要切入点。

教学路径——基于人生经验和语文经验双生的培育

本单元的语文培养能力点主要是继续学习默读，进一步培养学生默读和把握课文中心的能力。七上第三、四、五单元的语文能力训练重点都是默读。第三单元侧重训练默读感知的完整性，在保证一定速度的前提下把握基本内容。第四单元默读训练的重点在于勾画重点语句，把握课文的思路。本单元默读训练的侧重点在于学会做摘录，边读边思考，勾画出重要语句或段落，在把握段落大意和理清课文思路的基础上学会概括课文中心。《动物笑谈》是一篇自读课文，语文经验的培育点确定为默读训练和提炼中心思想。默读训练时可以限定时间，要求学生在6分钟内完成阅读，并结合旁批梳理课文的内容及关键点。

人生经验的获得一定是以语文活动为载体的。以课文的第一个场景为例，学生在熟读课文的基础上用自己的语言概述，从而感知作者严谨求实的科学态度和崇高的科学精神；欣赏文中细腻传神的语言，感受作者对动物的真挚情感和对生命的极大尊重。让学生在反复美读、品读中汲取营养，还可以通过模仿，让学生身临其境地感受作者对动物的真挚感情。对生命、对生活乃至对世界的态度。

教学环节——具体教学流程

第一环节：检查预习，以学生初读起点为基

1. 导入新课。

师：同学们，你们养过小宠物吗？你和动物之间有过什么好玩儿的事情吗？

（学生纷纷回答。）

师：看来不少同学有和小动物相处的愉快经历。请一位同学说一说，你和小动物之间的趣事。

生：我家养过一只小猫。每次它饿了，并不会“喵喵”叫，而是蹲坐在我妈妈面前，一直深情地看着我妈妈。如果我妈妈还是没有给它拿猫粮，它就会突然用小爪子拍我妈妈的腿一下，好像是在抗议：“我饿了！我饿了！”

（学生笑。）

师：一只可爱的小猫，好像很通人性。同学们，在美丽的奥地利，有一个叫劳伦兹的动物学家。为了观察动物，他在家里养了一大群动物。他们之间的关系不仅仅是观察与被观察、研究与被研究的关系，还是朋友甚至“父子”“母子”关系。今天我们一起学习《动物笑谈》，走进劳伦兹和他的动物们。

2. 检测预习。

（1）字词积累。

师：字词积累是语文学习的第一步。一个人的词汇积累越丰富，他表达思想或感情时也就越流畅生动。课前要求同学们查字典认读生词，并解释成语。下面我们检查一下学习效果。

哺乳　　羞怯　　匍匐　　温驯　　禁锢　　滑翔　　余晖

怪诞不经　　大相径庭　　神采奕奕

（学生朗读生词，解释成语，齐读记忆。）

（2）快速默读课文，抢答。

【屏显】作者谈到哪些动物？谈了它们的哪些趣事？

（同学抢答后明确：作者谈到小雁鹅、水鸭、麝香鸭、大白鸭、皇冠大鹦鹉。文中谈到的趣事有：一个有着一把大胡子的男人，充当鸭妈妈时，曲着膝，弯着腰，低着头在草地上边爬边学鸭子叫，吓呆了观光的游客；在火车站，为唤回皇冠大鹦鹉，模仿大鹦鹉那杀猪般的嚎叫声，周围的人呆若木鸡；大鹦鹉咬掉老教授身上的扣子，并排列得整整齐齐；大鹦鹉把鲜艳的毛线缠到门前的柠檬树上。）

第二环节：做一个“发现者”

1. 师：热闹的抢答后，我们已经概括出文中四个有趣的场景。请同学们再次沉入文本，读一读文中写作者充当“鸭妈妈”的文字，感受作者和小水鸭之间的感情。

（学生自由朗读。）

师：同学们，你们刚才是用什么样的感情基调朗读这一部分的？

生：深情的、充满爱意的。因为劳伦兹很爱小鸭子们。

生：轻快的、可爱的。小鸭子们可爱极了！

2.【屏显】可是，等我一旦站起来试着带它们走，它们就不动了；它们的小眼睛焦急地向四周探索，却不会朝上方看，没有多久，就像被弃的小鸭子一般，发出细细的尖叫，哭起来了。

只要有半分钟的时间忘了“呱格格格，呱格格格”地唱着，小凫的颈子就拉长了，和小孩子拉长脸一样。要是这时我不继续叫唤，它们就要尖声地哭了。

老师请一位同学朗读这两处细节描写，问学生想重读哪几个词语？

生：重读“一旦”“焦急地”“只要有半分钟”这几个词。

师：为什么要重读这几个词？

生：“一旦”“只要有半分钟”这几个词都形容时间很短，表明小鸭子一时半刻也离不开它的“妈妈”。“焦急地”表现了小鸭子找不到“妈妈”时的无助。我觉得这几个词特别能体现作者和鸭子的感情。

（学生重读重点词语，有感情朗读。）

教师肯定学生的感情充沛，引导学生自由朗读这两处描写。

（学生自由朗读这几句，体会语气和情感。）

师：你又读出了劳伦兹和小鸭子之间什么样的感情？

生：“一旦站起来……就不动了。”说明小鸭子对于妈妈在不在身边很敏感，它们特别需要妈妈陪在身边，应该和我们小时候一样。

生：“细细的尖叫”“哭起来”是在表达不满。

生：应该是很无助，很想让妈妈快回来。

师：同学们更多的是从小鸭子的角度读出了细腻的情感。那对于劳伦兹而言呢，这意味着什么呢？

生：意味着被需要。

师：面对小鸭子们的需要，作者劳伦兹又是怎么做的呢？

生：“不过为了探求真理，也只好忍受这种考验了。”

师：是呀。鸭子们“细细的尖叫声”也许就是一种爱的语言，只有真正爱着它们的人才能看得见、听得到这些细微的变化。劳伦兹对动物们的爱意就在这饱含深情而不乏幽默的语言中。

3.【屏显】可可不但把这位老教授身上的扣子全咬下来，而且还整整齐齐地排在地上：袖子上的扣子作一堆，背心上的作一堆；另外，一丝不错地，裤子上的扣子也排作一堆。

可可似乎很清楚那一团团柔软的毛线是干什么用的，它总是一口咬住露在外面的活线头，很快地飞到空中，把一整根团线都打开来，就像一个风筝拖着一条极长的尾巴。它总是蹿得高高的，然后就绕着我们屋子前面的柠檬树有规则地打起转来。要是没人在那儿打断它，它就把整棵树都缠上鲜艳的毛线。

师：从写大鹦鹉的这两段场景中，你们又能读出劳伦兹和大鹦鹉之间是一种怎么样的关系？请从字里行间读出你们的独特认识。

（学生自由朗读。）

师：哪位同学想说一说？

生：大鹦鹉可可很随意，很自在。它把老教授身上的扣子全咬下来，我猜应该不是第一次，或者说这样的事情发生过不止一次。之所以这样，肯定是劳伦兹和他的家人对可可很纵容，或者叫包容，它才敢这样做。

师：包容这个词用得非常好，包容的背后其实是什么？

生：爱。

师：除了爱，还有什么？

生：尊重。

师：应该用什么样的语气朗读这一段呢？

生：调侃的语气，有点儿生气，又有点无奈。

（学生齐读，把握感情基调。）

师：还读出了什么？

生：大鹦鹉可可很喜欢恶作剧，无论咬扣子还是缠毛线球，都是恶作剧。文中说它“似乎很清楚”，它就算不知道毛线球是干什么的，但至少知道它不应该是缠在树上的，而且文中还说“如果没有人打断它”，就说明这种行为是不被允许的，但可可仍然乐此不疲地这样干。它很顽皮，爱搞恶作剧。

生：它很聪明：咬下来的扣子会分门别类的整理“袖子一堆”“背心一堆”“裤子一堆”。鹦鹉的智商挺高的，不仅会学舌，还会整理排列。我很喜欢这只鹦鹉。

师：相信你的爱是发自内心的，能写出如此文字的作者，也一定是发自内心地尊重动物的意愿、尊重动物的一切行为。请带着这种爱再读一下这段文字。

（学生深情朗读。）

第三环节：做一名“思考者”

1. 师：你认为这些动物好笑吗？

生：好笑。

生：既好笑，又不好笑。动物们都是在做真实的自己。文中的小鸭子和大鹦鹉的所作所为没有任何搞笑的意思，而是最真实的自己的层次。

师：确实，正如劳伦兹自己说的那样……

【屏显】我很少笑话动物，有时笑过，后来总是发现其实笑的是自己，或者是因为动物的某一种滑稽相很像人才笑的。凡是有经验的观察者都不会随便取笑动物的奇行异相。

——康德拉·劳伦兹

师：那课文中好笑的是谁？

生：是人！

师：你能在课文中找到依据吗？朗读出来。

（一学生朗读，随朗读屏显：在研究高等动物的行为时，常常会发生一些趣事，不过逗笑的主角常常不是动物，而是观察者自己。）

2. 师：再次浏览课文，找一找，观察者做了哪些好笑的事？

（学生浏览课文，找出观察者做了哪些好笑的事并圈画。）

师：找到哪里了？请读出你们找到的文字。

生：请大家看到课文第 9 段第二行：“一个有着一把胡子的大男人，曲着膝，弯着腰，低着头在草地上爬着，一边不时回头偷看，一边大声地学着鸭子的叫声。”一个大男人学鸭子的样子太可笑了！

生：请大家看到第 13 段第四行：“如果一个人用尽全身之力，把嗓门憋得尖尖的，发出‘哦——啊’的叫声，虽说比不上大鹦鹉的气势，听起来也蛮像了。”第 14 段“不过我到底还是叫了。我周围的人一个个都像生了根似的定在那里。”一个大男人在大庭广众下做出如此举动不光可笑，容易让人惊掉下巴。

（随学生朗读屏显以上两段文字。）

3. 师：认真品读上面的两段文字，思考作者的行为仅仅是“好笑”吗？

（引导学生朗读文段，说说从中读出了哪些意味。）

生：我从“屈着膝，弯着腰”“低着头”“爬着”这几个词中读出，劳伦兹为了当好小鸭子们的“妈妈”非常不容易。

师：不容易，这个词程度轻了一点儿，能否换一个更合适的词？你能试着做一下这个动作吗？屈膝、弯腰、低头、不用爬了、蹲着走吧。

生：艰难。

师：一边爬一边学着鸭子叫，还不时地回头偷看。从劳伦兹的表现中，你们读到的是什么？

生：是专注。如果不专注，身体、声音都不能配合得那么默契。

生：是投入，全身心地投入到给小鸭子当“妈妈”这件事中。

（引导学生再次朗读此段文字。）

生 1 读，师点评：我们听出了认真；生 2 读，师点评：我们听出了投入；

生3读，师点评：我们听出了热爱；生4读，师点评：我们听出了专注。

师：还有谁回答？作者的行为仅仅是“好笑”吗？

生：我从“一把大胡子的大男人”读出劳伦兹为了做好“小鸭妈妈”，他是不顾颜面的，不顾一切的，只为了做好这件事！

生：我从周围人的表现上“一个个都像生了根似的定在那里”，可见他的叫声是多么有杀伤力。而能不顾一切地“用尽全身之力”发出一声尖叫，只为唤回大鹦鹉，从这吓人的叫声中我们听出来的是满满的爱意。

生：“听起来也蛮像了。”能练出这样以假乱真的叫声，可见劳伦兹的执着！劳伦兹肯定是不止一次这样呼唤过他的大鹦鹉。我猜想他每次尖叫都是这样全身心投入的。

师：表面上看起来的动物趣事、这些颇具趣味的场景，背后深藏着作者劳伦兹对待动物研究的专注和投入。动物的趣事在作者心中不好笑，作者表达的全部是对生命的尊重、对生命的热爱、对生命的敬畏。

4.【屏显】劳伦兹简历

1903年，出生于奥地利美丽的城市维也纳，他的家乡在多瑙河畔。

1933年，获得动物学博士学位。

1937年，在维也纳大学教授比较生理学及动物心理学。

1941年，在德国军队当军医，1944年，成为苏军战俘，1948年，被释放。

1949年，《所罗门王的指环》德文版面世。

1973年，获得诺贝尔生理学或医学奖。

1989年，在艾顿堡逝世，《雁语者》是他去世前写成的最后一本书。

师：从劳伦兹的简历中，你们读到了什么？

生：他是真的热爱动物。

生：他全身心地热爱着自己的事业，并且把自己的全部精力投入其中。

生：动物是他生活中不可分割的一部分，是生命的一部分。

生：他是一个富有成果的研究者、科学家。

师：大家谈得都很好。请大家关注两个时间：1944－1948年，作者曾做过战俘；1949年，《所罗门王的指环》出版。从中你们又读出了什么？

生：即便是在做战俘的日子里，作者也没有停止他的研究和写作，全身心地投入到与动物的相处和对动物的研究中。

生：战俘是没有尊严的，那段日子一定是极其困厄的。即便是这样，作者依然对动物、对生活充满热爱，还能用这么有趣、幽默的语言写成《所罗门的指环》，说明他内心一直是充满爱意和阳光的，从来没有把不幸的遭遇放在心上。心中有爱，则处处是爱。

师：说得真好！即使身在泥泞，仍要仰望星空。无论处境如何，劳伦兹对动物的爱心始终没有改变过，对生活、对世界的热爱也没有改变过，才有了笔下这样多鲜活可爱的生命，才有了这么充满笑意的生活。他“笑谈”的是动物，“笑谈”的是自己，从他不变的“笑”中，我们能读出他笑对生活和这个不完美的世界的态度。

【屏显】对生命的态度，对世界的态度。

师：推荐大家课下阅读《所罗门王的指环》，进一步感受大自然的厚重神奇和劳伦兹爱的力量。

专题七：文言文阅读

筑起一座中国人精神的基座

——《愚公移山》设计解读及教学实录

教材解读——基于教材编写意图和单元目标

教师执教本课需先通读统编版初中语文教材八年级上册第六单元的单元导读和《教师教学用书》中的单元说明。本单元由中国古代诗文名篇构成，都与人的品格、志趣、情怀、抱负有关。通过学习本单元诗文，能让学生感受古人的生活、思想和志趣，陶冶自己的情感，增强对中华优秀传统文化的认同以及民族自豪感和自信心。

学习这些课文可以让学生随着文字感受先贤的智慧，与他们共同思考社会与人生。同时，阅读这些古诗文，对增强学生的文学素养、培养学生阅读文言的能力也大有裨益。由此，我们确定本单元的三个学习目标。

1. 阅读不同体裁的古代诗文名篇，从不同角度感受古人的智慧和胸襟，提升自己的精神品格。

2. 进一步熟悉阅读古诗文的方法，反复诵读品味，提高阅读古诗文的能力。

3. 积累常见文言词语和名言警句。

在单元目标的统领下，由各文本分解承担单元目标的落实，精准确定每一篇课文的教学重点，然后根据“生本课堂”“深度学习”的设计理念设计好每篇课文的教与学。

教学重点——基于文本独有和学生所需

《愚公移山》是中国经典神话传说之一。学生虽然对故事内容比较熟悉，但对故事中传递出的精神却不能做到透彻理解。就这篇课文的学习来说，应让学生真正明白故事内涵，理解故事中传达的精神并不只属于过去的时代，在今天依然有重要意义。“愚公精神”依然值得每一个中国人去深刻理解、用心继承并积极发扬。中华优秀传统文化宝库中的每一笔精神财富都需要我们用恰当的教与学的方式让代代领悟、代代传承。这就对我们的课堂提出了更高的要求，不仅要传授知识与技能，更需要引领学生在理解内容的基础上，有时代化、个性化的思考与领悟。《愚公移山》深刻启迪着我们每一个人，“平庸”与“优秀”只在于角色的突破与创新，只要有矢志不渝、挑战困境的精神，谁都可以成为了不起的人。

教学内容——基于学生初读已知的深度学习

一篇文章的教学起点应该在学生初读感知之处，这样才能使学生的学习在已知基础之上继续走向深处。

《愚公移山》预习导学案的设计在学生自读能力所达的范围内，引导学生进行更有效的初读。预习导学案中，我们设计了对教材单元导读要点的自学掌握；借助课下注释、查阅工具书，积累文言字词、疏通文义；通读课文后，用简洁的语言复述故事内容；写下自己的初读感悟与预习疑惑等任务。学生经过认真预习，基本都能理解重点词句，掌握文章大意。

那么，在学生的阅读起点之上，我们将引导学生通过诵读文章、对比思考，理解故事的深刻寓意，并将故事中传达的精神与实际生活、时代精神相联系。引导学生深入思考、学习，锻炼其思维能力，增长其生活经验与语文经验。语文教学的深度体现在学生课堂学习思维的深层发展中。

教学路径——基于语文能力的养成和培育

基于语文能力的培养，本文主要承担文言诵读训练和价值观养成两个能力目标。诵读的意义在于语感的培养，语感的养成有利于学生文言文的学习。文言诵读除了需要关注重音、节奏、停连、情感、语气之外，还需要读出文言特有的韵律。如《愚公移山》中“虽我之死，有子存焉；子又生孙，孙又生子；子又有子，子又有孙；子子孙孙无穷匮也”一句，运用顶针手法，句子结构整齐，层层紧扣，语气贯通，感情强烈，表达了愚公移山的坚定决心。在本课教学过程中，需要注意指导诵读，使学生通过诵读体会人物语气、情感，进而深入理解人物形象。

本文作为一篇寓言，可以从多角度引导学生在阅读中独立思考，理解其中的寓意。学生理解时难免带着今人的思想、眼光，但教师需要引导学生在理解寓言故事的基础上不随意苛求，为质疑而质疑。对于中国传统经典篇章需要引导学生从中汲取精神力量，养成正确的人生观、价值观，从而为学生筑起一座牢固的精神基座。

教学环节——具体教学流程

第一环节：初读课文，讲动人故事

1. 导入新课。

师：“愚公移山”是一个在中国妇孺皆知、流传了几千年的寓言故事。今天，让我们一起走进《愚公移山》，看看能从熟悉的故事中品出怎样的新内涵。

2. 知识链接。

【屏显】寓言是用假托的故事说明某种道理的文学作品。

《列子》是一部很有趣的著作，其中有大量的寓言，如《杞人忧天》《两小儿辩日》《夸父逐日》等。《列子》把“道”融汇于故事之中，具有很高的文学价值，并包含深刻的哲学思想，是我国宝贵的文学遗产。

（学生朗读并记录要点。）

3. 讲动人故事。

（1）朗读课文，理清情节。

师：大家已经预习了课文，利用注释及工具书解决了字音问题，现在请同学们捧书端坐，齐声朗读，展示你的预习成果。

（学生捧书齐读，教师强调易错读音及节奏。）

（2）看图讲故事。

【屏显】六幅图片。

请几位同学看图接龙讲故事，明确：①太行、王屋两座山的面积、高度、地理位置；②出行不便，愚公提出移山的方案；③愚公与家人付诸行动、运送土石；④智叟闻讯赶来，阻止愚公移山；⑤愚公驳斥智叟的观点，指出人力无穷，自然能被征服；⑥天帝被愚公精神感动，山被移走。

第二环节：深入细节，品事中之理

1. 师：本文题目是《愚公移山》，解读文章可以从标题入手，我们将围绕标题展开深入阅读。第一个问题，请问愚公是谁？

生：一位九十多岁的老人，住在山脚下。

师：请找出原文中的话来读一读。

生：北山愚公者，年且九十，面山而居。

师：你刚才对愚公的认识有点儿小问题，愚公是九十多岁吗？

生齐答：不是，是快九十岁了。

师：从哪里知道的？

生：从“且”字得知，“且”是将近的意思。

师：大家画下这个关键词，读书要细致求真。古代将八九十岁的老人称为“耄耋”。所以，愚公——

【屏显】耄耋之年，垂垂老者。

2. 师：第二个问题——愚公要移什么山？

生齐答：太行山、王屋山。

师：请一位同学找出文中描写两座大山的语句，读一读。

生：太行、王屋二山，方七百里，高万仞。

师：从两个数量词可见，愚公面前的这两座大山，可谓——

【屏显】绵延辽阔、高耸入云。

师：面对家门前两座巍巍高山，一位年近九旬的老翁居然打算移走它们。老师做了一首打油诗，把两座大山和一个瘦小的老汉做了对比，请一位同学朗读这首打油诗。

【屏显】巍巍峨峨两座山，身单力弱一老汉。

以卵击石力悬殊，敢教日月换新天。

（一学生朗读。）

3. 师：谢谢你声情并茂地朗读。愚公移山的目标是什么？

生：毕力平险，指通豫南，达于汉阴。

师："毕力平险"的"毕"是什么意思？

生：尽、全。

师：你的理解很正确。成语中这个字多当"尽、全"的意思。哪位同学可以再举个例子？

生：锋芒毕露。

师："达于汉阴"的"阴"是什么意思？

生：南岸。

师："阴"指山的北面、水的南面，"阳"指——

生：山的南面、水的北面。

师：很好。山南水北谓之"阳"，山北水南谓之"阴"，这是一个重要的文化常识，请大家进行理解和记忆。

师：文中告诉我们，太行、王屋两座山本在冀州。冀州大约在今天的河北省，而愚公移山的目标是"指通豫南"。豫州大约在今天的河南。现在看来，把一座山移走，使之横跨两省，这是一项多么巨大、庞大、宏大的工程啊！愚公确立这样的目标仅仅是为了自己的方便吗？

生：不是，是为了所有面山而居的人都能够出行方便。

师：这是造福一方人民、造福子孙后代的宏伟抱负。

4. 师：其他人对愚公移山是什么态度呢？请在原文中找出相关语句，并简析他们的态度。

生：愚公的家人们都是支持他的。“杂然相许”中“许”的意思是赞同，大家纷纷表示赞同。

生：邻居也是赞同的，邻居家有个七八岁的小男孩也去帮助他们移山。

师：很好，找得很准确，而且关注到了重点字“许”的意义。这些都是从侧面表现愚公移山的正确。请大家记录关键词“侧面描写”。所有人都是赞同的吗？还有没有人提出不同意见？

生：智叟就不同意。文中写道：“河曲智叟笑而止之曰：‘甚矣，汝之不惠！以残年余力，曾不能毁山之一毛，其如土石何？’”智叟对愚公移山这件事是完全不认可的，他嘲笑愚公，认为这件事根本不可能成功。

生：还有愚公的妻子也提出了质疑——“其妻献疑曰：‘以君之力，曾不能损魁父之丘，如太行、王屋何？且焉置土石？’”

【屏显】其妻献疑曰：“以君之力，曾不能损魁父之丘，如太行、王屋何？且焉置土石？”

河曲智叟笑而止之曰：“甚矣，汝之不惠！以残年余力，曾不能毁山之一毛，其如土石何？”

师：这两个句子句式貌似相同，实则不同，请你们对比分析一下，并读出不同的态度和语气。

生：智叟嘲笑愚公很笨，太不聪明了。愚公的妻子没有这样讲。

师：你再说说看，智叟这个句子是怎样组织的？

生：用的是倒装句。

师：那么不倒装这句话该怎么说呢？

生：汝之不惠甚矣。

师：你知道为什么要倒装吗？

生：把“甚矣”放在前面强调愚公不聪明，傻到极点。

师：理解得非常到位。这是第一点不同。我们继续看，智叟和愚公的妻子称呼愚公分别是什么？

生（齐声）：汝和君。

师：这两个词有区别吗？

生："君"表示尊重，"汝"很不客气。

师：是的。在古代，长辈对小辈，地位高的人对地位低的人，一般用"汝"。如果平辈之间用"汝"就有些不尊重的意思。从智叟对愚公的这个称呼中我们可以看出智叟对愚公的态度是——

生：嘲笑的，看不起的，觉得他笨。

师：这是第二点不同，对愚公的称谓不同。还有什么不同吗？

生：这两句话乍一看句式差不多，实际是不同的。愚公妻说："以君之力，曾不能损魁父之丘，如太行、王屋何？"智叟说："以残年余力，曾不能毁山之一毛，其如土石何？"愚公妻说愚公不能把小山怎么样，智叟却说愚公连山上一根草也动不了。妻子表达担心，智叟表达讽刺。

师：讲得很好。提醒大家关注"毛"这个字，注解上解释为"草"，成语中这个字也常当草讲。哪位同学可以举个例子印证一下？

生：不毛之地。

师：智叟说愚公连山上的一根小草都动不了，明显带着轻蔑的态度。这是第三点不同——态度不同。

生：还有"如太行、王屋何"和"其如土石何"，虽然都是相同的句式，但是智叟的话里面多一个"其"字。注解说，这个"其"用于加强语气。

师：你读书真细致，能从细微处发现深意。"如……何"这个句式注解上解释为"把……怎么样"。这是文言文中一个常见的固定句式。请大家圈画并做积累。智叟的这个句子前还有一个关键虚词"其"。不能小看虚词的作用，虚词往往是态度情感的集中体现。这个"其"字就加强了智叟说这话的语气。我们读一读，体会这是一种什么语气。

生：反问、瞧不起的语气。言下之意是——愚公不行，不能把土石咋样。

师：理解得很到位。这是两人说话的第四点不同——语气不同。

生：愚公妻还多说了一句话——且焉置土石？这是妻子提出的一个移山需要首先解决的问题。

师：这里的“焉置”是“放到哪里”的意思，“焉”在这里当“哪里”讲，这个词一词多义。我们需要积累这个词常见的用法。我们还需要了解，这个疑问句中出现了疑问代词做宾语的宾语前置用法，正常语序是“置焉”。以上我们比较了这两句语言描写的几处不同：句式、称谓、语气的不同，都源于态度和感情的不同。课文除了人物语言表达准确外，还对两个人物的神态做了画龙点睛、一字传神的刻画。请同学们找出来。

生：愚公妻是“献疑”，智叟是“笑而止”。妻子是提出疑问，让愚公和大家合力想对策，是关心移山；智叟是嘲笑且阻止。

师：是的，一个嘲笑、讽刺、轻视，一个担心、关心，并提对策，态度、情感的不同都蕴含在字里行间的细微之处。下面我们女生读愚公妻，男生读智叟，读出两人的不同。

（学生有感情朗读。）

5. 师：愚公移山。山是如何移的？请同学们找到相关语句，读出来。

生：遂率子孙荷担者三夫，叩石垦壤，箕畚运于渤海之尾。邻人京城氏之孀妻有遗男，始龀，跳往助之，寒暑易节，始一反焉。

师：愚公移山的举动子孙是支持的。除此之外，一个外姓人也很支持，就是一个十几岁的小孩子。

生：老师，您说得不对，这个小孩不是十几岁，他只有六七岁。注解上说“始龀”是刚刚换牙的意思，一般都是上小学前后，也就是六七岁换牙，所以，这个孩子是六七岁。

师：很细心而且非常正确。古代表示年龄不像我们今天直接用数字，往往借助生理或典礼或年龄特征来表示，这种表达年龄的方式典雅而生动。比如形容十三四岁的女孩子用“豆蔻”，让人一下子想到含苞待放的花骨朵；再比如用“弱冠”代指男子二十岁成年，因为成年男子都要举行隆重的“冠礼”。

师：一个六七岁的孩童蹦蹦跳跳来帮助愚公，你们从这个细节中读出什么？

生：愚公移山的行为是正义的，得人心的，连小孩子也支持、帮助他。

生：小孩子干的事情都来自天性，也是最本真的，愚公身边有小孩子常伴左右并且帮助他，说明愚公做的这件事的目的也是纯真的。

师：你的见解很独到，很有深度。我们常说赤子之心，通常指如小孩子般无暇纯净的心灵。纵使人手少到只能日有尺寸之功，纵使工具简陋到只能肩挑手提，纵使路途遥远到一年只能来回一次，“始龀”小孩的赤子之心映照出了愚公这颗纯善晶莹的心。

6. 师：愚公移山。移山的结果是怎样的？

生：天帝被愚公感动了，山最终被移走了。

【屏显】操蛇之神闻之，惧其不已也，告之于帝。帝感其诚，命夸娥氏二子负二山，一厝朔东，一厝雍南。自从，冀之南，汉之阴，无陇断焉。

师：文章的结尾具有神话色彩，借助天神的力量实现了愚公的宏伟抱负。请同学们关注“惧”“感”两字。操蛇之神所“惧”、帝所“感”的是什么呢？请大家用一个词语来表达。

（学生各抒己见：抱负、恒心、毅力、气魄、远见、坚持、信念、造福百姓……）

师：你们说得都很好。本文是一篇寓言故事，寓言好像一枚硬币，一面是故事，一面是哲理。《愚公移山》这个富于神话色彩的寓言故事，同样告诉我们一个深刻的道理。那就是——

生：只要拥有远大的抱负和坚持不懈的努力，再大的困难也能战胜。

生：我们应该学习愚公有恒心、有毅力的精神。

第三环节：思考探究，仰精神之光

1. 师：这则寓言记叙了愚公“改天换地”的故事，描写了两个对比鲜明的人——愚公和智叟。作者在他们的命名上自有深意。

生：“愚”和“智”是一对反义词，但愚公不愚，智叟也不是真的智。这样的对比突出了愚公的人物形象。

（学生分角色朗读愚公与智叟的对话，并尽量当堂成诵。）

师：愚公虽然名为“愚”，但他却不是真“愚”，而是真“智”。有个成语叫——

生：大智若愚。

师：他的大智慧体现在哪里呢？

（学生各抒己见：有远大理想，有坚强的意志，有顽强的毅力，不惧困难，不怕吃苦，敢于斗争，有胸怀，有格局……）

2.【屏显】大智慧者，持志如心痛，一心在痛上。

——王阳明《传习录》

师：一个人有了初心，有了目标，就像有了心痛病一样，想放弃也放不下，在实现目标之前心里只有这一件事，其他事都无关紧要。愚公的面前有无数难以逾越的极端：年龄极端大、大山极端高、人力极端少、路途极端远、工具极端陋。在种种“极端”的困境中，愚公矢志不渝，坚定执着，这就是真正的大智慧。

千百年来，愚公精神激励着一代又一代中国人。为了实现伟大的中国梦，中国人民抒写了无数重整山河的壮丽诗篇。无数共产党人不改“愚公”本色，战斗在疫情第一线，扎根在脱贫攻坚战场上。几代人的努力，使所有困难都足以被克服，所有问题都不成问题。“立下愚公移山志，咬定目标、苦干实干，坚决打赢脱贫攻坚战！”这就是新时代的“愚公移山”，为新时代的“愚公”们点赞！

【屏显】虽我之死，有子存焉。子又生孙，孙又生子；子又有子，子又有孙，子子孙孙无穷匮也，而山不加增，何苦而不平？

师：让我们再次齐读愚公的智慧之言，用声音传达出对“愚公精神”的理解。

（学生齐读，在朗读中结束本课。）

深度思辨行大道　养成正气成浩然

——《富贵不能淫》设计解读及教学实录

教材解读——基于教材编写意图和单元目标

执教《富贵不能淫》一课，教师需先通读统编版初中语文教材八年级上册第六单元的单元导读和《教师教学用书》中的单元说明。本单元的几篇文言诗文从不同角度回答了“人该有怎样的品质与志趣”这一问题。这一组诗文或以睿智雄辩论述人生理想与担当，或以奇特想象寄寓不凡追求，或以生动事迹彰显人物品格，或以诗意语言书写人生感悟与思考。

学习本单元的作品，要用心感受古人的智慧与胸襟。《孟子》是儒家学派的经典著作之一，文章富有论辩色彩，语言富有气势，说服力强，感染力强，文中有不少名言警句被广为传诵；《愚公移山》讲述了一个年近九十的老人带领全家人每天挖山不止，最后感动天帝，把山移走的故事，反映了人类征服自然的理想和为理想献身的精神，具有朴素的辩证唯物主义思想；《周亚夫军细柳》刻画了周亚夫忠于职守、治军严明、不卑不亢、刚正不阿的真将军形象；《诗词五首》则表现了诗人们热爱田园生活、热爱国家、眷念家人、追求理想境界的美好情操和高洁人格。由此，我们就可以领悟教材编者的意图，确定本单元学习的三个目标。

1. 通过反复诵读，整体感知课文内容大意，培养学生文言语感，提高学生阅读浅易文言文的能力。

2. 学会抓住文中富有表现力和感染力的人物描写语句，把握人物形象，感受语言魅力。

3. 学习古代先贤崇高的品格和精神，激发向上向善的人生追求。

单元目标从整体着眼，高屋建瓴，就整个单元的内容做出统一、概括、总述性的引领，是单元学习的“纲”，对具体篇目起着服务性和指导性的作用。而具体篇目文体、内容等特点不同，它是实施单元目标的渠道，是本单元学习之“目”。在教学实践中我们要做到纲举目张，根据具体篇目的特点，在单元目标的统帅下，由各篇课文分解承担单元目标的落实，精准确定每一篇课文的教学重点，然后根据“语文深度学习”的设计理念，设计好每篇课文的教与学。

语文深度学习，是指通过适当的方式对浅层学习的内容进行整合与迁移，以学生自主阅读起点为基础，向文本深处和学生思维深处延伸的学习。这种学习方式调动学生高阶思维的发生与发展，从而实现综合提升学生语文素养的目标。深度学习是一种理解性、思辨性、创造性的学习，还具有迁移性和体验性。因此，教师必须全面灵活地整合教材，开发构建一个利于学生理解知识、提升能力的情境，促使学生积极参与、深度参与、收获生长。在教学《富贵不能淫》时，在学生充分预习课文、理解课文大意的基础上，根据驳论文文体特点切入，引导学生将课文还原为孟子与景春的几个回合的辩论，这样就创设了一个具有挑战性的情境，有利于学生深入课文，设身处地地站在文中人物的立场上感受景春对公孙衍、张仪的羡慕崇拜之情和孟子对公孙衍、张仪不以为然的批驳之意。

教学重点——基于文本特性和学生所需

《富贵不能淫》这篇课文语言含蓄而幽默，充满力量。孟子通过言“礼”来说明女子出嫁时母家的嘱咐，得出“以顺为正者，妾妇之道也”的判定，以此类比并批驳了景春的谬论。孟子进而针锋相对地提出真正的大丈夫之道：“富贵不能淫，贫贱不能移，威武不能屈”“居天下之广居，立天下之正位，行天下之大道”，它们成为古往今来振聋发聩的立世箴言。孟子关于“大丈夫”的这段名言，句句闪耀着思想和人格力量的光辉，历经千载鼓励了无数志士仁人，成为他们不畏强暴、坚持正义的座右铭。课堂教学中要通过各种形式的反复诵读，引导学生通过人物对话和重点词语背后的情味，深入探讨课文的内涵。

八年级学生已有一定的文言知识的积累，能借助注释和初步读懂课文。但学习文言文的兴趣可能不是很浓厚，或只停留在对字面含义的理解上，因此，在教学文言文时应注意培养学生的兴趣。通过设计多种形式的反复朗读，走向文字深处，从而进一步理解孟子的深厚思想。文言文教学应该从“文言”走向“文章”，进而走向“文人”和“文化”。这样基于学生已知拾级而上的深度学习，才能有效实现学生的思维发展，实现语文经验和人生经验的共同生长。

朱光潜先生在《咬文嚼字》一文中提道：“科学的文字愈限于直指的意义就愈精确，文学的文字有时却必须顾到联想的意义。”把文字放回课文中，教师根据上下文的语言环境声情并茂地反复诵读，充分创设情境，调动情绪，能引导学生深刻体会文字、文章、文学妙不可言的魅力，提高学生的语文能力形成深厚的文化积淀。

由此，确定本文的教学重点是：通过反复诵读，揣摩体会类比手法的作用，深刻理解孟子提出的大丈夫精神的内涵。

教学内容——基于学生阅读发现、感受和质疑的深度思辨

一堂好课的前提在于教师对课文教学内容的确立，即“教什么”比“怎么教”重要。而要确立教学内容，教师就需要把自己对课文的解读与学生的感受和疑问有机地融合在一起。要遵循“三一”原则，即：这一课文，这一班学生，这一节课。

对于《富贵不能淫》一课，我们设计了预习导学案，在学生自读的能力范围内，引导学生进行更有效的初读。在预习导学案中，主要设计了关于本课的注音、释义、朗读节奏等问题，学生经过认真预习，一般都能对文意大体有所理解。最后特别设计了“我对课文有如下疑问”，全班收集上来有效问题或疑问近 80 个，整合为 14 个，在设计教学内容时选取了其中的 5 个最具有代表性

的问题贯穿整节课。基于学生起点之上，聚焦文本独有和学生未知与想知的深度学习必然会取得良好的教学效果。

所以，教师应该充分尊重学生课文初读时的感受，并在感受和质疑的基础上开展讨论和思辨类的教学活动，从而达成阅读思维和价值认知的提升。教师要引导学生开展深度思辨，不在学生一望即知处停留逡巡，而是要充分展开、沉浸品味，引导学生向课文更深处漫溯。学生在阅读课文时，既要有学习欣赏的态度，也要有质疑批判的眼光。在教学过程中加入思辨性可以让学生更理性、更深入地理解作品内涵。例如学生提出这样一个问题：“孟子是不是大丈夫?”这就是一个典型的有深度思辨的问题。仅仅通过言论就判断一个人的品格这显然有待商榷。学生在阅读中发现了问题，产生的认知冲突是非常可贵的。由于大部分学生对孟子的生平经历没有深度了解，这时候教师就应给学生“搭梯子”——补充战国时代和有关孟子的背景资料。学生需要将它们与孟子的“何为大丈夫”言论相互印证，实际上就是引导学生深入理解“仁、礼、义”的内涵，将理论与实践相结合，实现学生与课文的深度对话，引导学生对课文进行全面、深层次的解读，进而领略到课文独特的魅力，理解“知行合一”的内涵。

教学路径——基于语文核心素养，深入理解“大丈夫”的文化内涵

现阶段，语文核心素养中的“语言建构与运用、思维发展与提升、审美鉴赏与创造、文化传承与理解”四个维度已经被广为重视。如何将日常语文教学与学生语文素养提升相结合，既做好知识的积累，又促进思维的发展和文化的传承，是我们面临的重大课题。从一线教学策略来看，创设情境、设置体验环节能充分调动学生的兴趣，激发学生的深度参与和学习。在具体教学《富贵不能淫》时，可以不用字字对译，可采取“以文代言”的文言教学策略展开教与学的活动。教师可以引导学生体会、还原孟子与景春的几段对话，多角度、多途径反复诵读，体会课文背后人物的情感，寻找课文经典的价值与意义，促进

学生思维的深度发展。在入情入境的教学引导下，学生通过变换句式、体会标点作用、理解词义来推敲语言、感悟情感，深入情节不断想象，拓展思维。比如让学生设想景春怎么问“什么是真正的大丈夫”这个问题时，学生可以用文言进行表达，如回答“何为大丈夫也?”。孟子慷慨激昂的演说之后，让学生想象景春的表现。学生回答“善哉”“先生大才，在下浅陋，失敬失敬”等。文言文教学要注重文、言的迁移拓展，丰富文言的内涵，通过想象补白等方法，让学生将文言知识融会贯通，体会文章详略得当的构思策略，潜移默化地感受优秀传统文化的熏陶。这种教学体验带来的是学生的心动情发以及思维深度的拓展延伸。

语文核心素养四个维度中，文化的传承与理解是最难达到的，而文言文教学在这方面的优势得天独厚。文言文是中华文化的瑰宝，是传统文化精神的载体。《富贵不能淫》一文集中体现了孟子的“大丈夫”观，在中国思想史上留下了光辉灿烂的一笔。在教学中，我们以学生提出的五个质疑为抓手，设置对话情景，引导学生深入体悟孟子和景春的语气、情感、心理，引导学生透过孟子的外在语言向思维深处拓展，进而内化沉淀出文化体验。课文的文化内涵集中体现在孟子的最后几句话，即“居天下之广居，立天下之正位，行天下之大道”。一句中反复出现“天下”一词，孟子将心怀天下放在了大丈夫内涵的首位。他强调内在道德选择，即大丈夫应该首先具备“以天下为己任”的道德情操。“得志，与民由之；不得志，独行其道”一句强调大丈夫应该以民为本，心系百姓。只要遵循大道，保持人格独立，不论富贵显达还是穷困潦倒，均可以成为大丈夫。孟子心中的大丈夫不顺从于任何外在的权势，只是坚守内心的道德准则和人格要求。课文最后“富贵不能淫，贫贱不能移，威武不能屈”一句，气势磅礴，大义凛然，掷地有声，千古流传。孟子不仅强调了大丈夫要有所作为、积极入世，而且强调了大丈夫要经受得住外界的重重考验，要有所不为。正如孟子所说：“我善养吾浩然之气”“虽千万人吾往矣”。宋代哲学家程颐说：“孟子，泰山岩岩之气象也。”孟子文章的气象不仅来自排比、类比等修辞方法，更来自其深刻的思想内涵。孟子的人格追求——“大丈夫”思想影响深远，润泽千年。岳飞、文天祥、林则徐、谭嗣同、邓稼先、钟南山等一代又一代的大丈夫，共同撑起了华夏文明的天空，挺起了中华民族的脊梁。大丈夫的理想之光千载闪耀，华夏儿女的浩然正气万古流芳。

教学环节——具体教学过程

环节一：初读文本

（一）导入新课

师：同学们，你们平时一定听说过“大丈夫一言既出，驷马难追”“大丈夫行不更名，坐不改姓”吧。那么，什么是真正的大丈夫呢？今天，就让我们一起看看孟子的阐释。（教师板书课题。）

（二）检查预习

教师指出学生预习导学案中的注音错误，并予以纠正。

（三）初读文本

1. 师：“文章三分写，七分读。”读文章要做到字正腔圆，有板有眼。让我们一起大声朗读《富贵不能淫》。

（学生齐读。）

2. 师：读课文时要注意节奏，读出文言的韵味。现在，我们一起把这篇课文再次齐读。注意，一定要根据语意读出停顿和节奏。

（学生齐读，教师范读，学生自由诵读。）

3. 师：朱熹曾经说过：“凡读书，须要读得字字响亮，不可误一字，不可少一字，不可多一字，不可倒一字。”下面我们再次齐读课文，希望比刚才读得更准确、更响亮一些。

（学生再次齐读。）

4. 师：同学们读得一遍比一遍好了，但老师总感觉还缺点儿东西。重音、停顿等朗读技巧背后的支撑是感情。我们对课文的理解还稍微浅了一些，故而在感情的把握上还显不足。希望同学们通过本节课的学习，能对课文的理解更深刻，能让朗读的情感更充沛、更到位。

环节二：质疑问难，解疑释惑

1. 展示学生疑问：景春说得为什么这么少？孟子为什么说得这么多？

（这篇文章中，为什么景春说得这么少，而孟子说得这么多？）

（学生静思，似乎有疑难。）

师：本文形式上的最大特点是什么？

生：以孟子和景春之间的对话展开。

师：对话应该是“你有来言，我有去语”的，而本文对话只有一个回合，我们能否把对话还原一下，变成两三个回合？大家读一读，试一试。

（学生读，思考并交流。）

景春曰：“公孙衍、张仪岂不诚大丈夫哉？一怒而诸侯惧，安居而天下熄。”

孟子曰：“是焉得为大丈夫乎？子未学礼乎？丈夫之冠也，父命之；女子之嫁也，母命之，往送之门，戒之曰：‘往之女家，必敬必戒，无违夫子！’以顺为正者，妾妇之道也。”

师：在说这些话的时候，两人的动作、神态、心理以及对公孙衍、张仪的看法是什么样的？

（学生诵读，思考。）

生：景春对公孙衍、张仪坚定支持，认为他们是大丈夫，从“公孙衍、张仪岂不诚大丈夫哉”一句可以看出。

师：这句话能否改为“公孙衍、张仪乃大丈夫也”？

生：不行。原句运用反问句式，加强了语气，表达了自己坚定、肯定的态度——公孙衍、张仪就是大丈夫。老师的改句是陈述句，没有这种效果。

师：我们从哪里能看出是反问句式？

生：“岂”和问号。

师：“岂”是什么意思？

生：难道。

师：请你试着读一读这句话。

（学生读此句，全班齐读，读出反问句式的作用和景春的坚定态度。）

师：孟子对公孙衍、张仪的态度如何？

生：不屑、不以为然。从“是焉得为大丈夫乎？”一句可以看出他的态度。特别是“焉”字，是“怎么”的意思，有强烈的反问语气。

师：请你试着读一读这句话。

（学生读此句，全班齐读，读出孟子不屑的态度）

师：景春是否被说服？怎么看出来的？

生：从“一怒而诸侯惧，安居而天下熄”一句中可以看出景春对公孙衍、张仪非常崇拜、羡慕。他没有被说服。

（学生齐读此句，读出景春崇拜、羡慕的态度。）

师：“惧”字是害怕的意思，要读得短促一些；而“熄”字说明天下太平，老百姓安居乐业，都进入梦乡了，可以读得绵长一些。请同学们再次试着读一读。

（以上三句话，组织同位之间、男女生之间分角色朗读。）

2. 展示学生疑问：孟子为什么认为公孙衍、张仪不配称为大丈夫？

（孟子为什么认为公孙衍、张仪不配称为大丈夫？）

【屏显】公孙衍、张仪的故事。

（请一学生朗读，其他生谈感受。）

生：公孙衍、张仪都是魏国人，为了个人的私利背叛了自己的国家，所以算不上是大丈夫。

师：孟子对这一问题是怎么阐释的呢？

（生齐读“子未学礼乎……妾妇之道也”部分。）

3. 展示学生疑问：为什么要说妾妇之道？

（为什么要说“妾妇之道”?）

师：什么是“妾妇之道”?

生：以顺为正。因为“……者，……也”是判断句式，翻译为“是”。妾妇之道最关键的一个字是“顺”。

（教师板书“顺”字。）

师：妾妇之道与公孙衍、张仪有何关系?

生：妾妇之道与君臣之道差不多。公孙衍、张仪等臣子要服从君主，妾妇要服从夫君。

师追问：你已经发现两者之间的内在联系了，这种手法叫什么?

生：类比。

师追问：既然可以成为“同类”，构成同类相比的“类比”，必然有“相似点”。公孙衍、张仪之流与妾妇有何相似点?

生：都是无原则顺从，没有人格、没有底线，唯唯诺诺，低眉顺眼，无条件服从、屈服于别人。

师：你的理解很到位。他们的共同点都是“顺”，顺从别人，而没有自己独立的人格、自由的思想和应该坚持的道义。所以，孟子对公孙衍、张仪之流的态度是——

生：蔑视、不屑、否定等。

（学生齐读“子未学礼乎……妾妇之道也”部分，读出蔑视、不屑的态度。）

4. 展示学生疑问：什么才是真正的大丈夫？

（什么才是真正的大丈夫呢?）

师：这个问题还有谁可能也在问?

生：景春。

师：作为古人，他会怎么问？

生：然则，何为大丈夫也？

（学生齐读“居天下之广居……此之谓大丈夫”部分。）

师：孟子认为如何做才算得上真正的大丈夫？

生：“居天下之广居，立天下之正位，行天下之大道。”也就是要做到仁、礼、义，才能算是大丈夫。

师追问：为什么做到这三个字就算大丈夫呢？

（学生有疑难。）

师：儒家最高的政治理想就是孔子提出的“仁”。孟子发展为施行“仁政”，这三句话中都有“天下”二字，能做到“讲仁德，施礼义”，并以天下为己任，在孟子看来就是大丈夫。

师：这几句话运用了什么修辞方法？

生：排比。

师追问：有什么作用？

生：增强语言气势。

（学生自由读这一句，然后齐读，读出气势。）

生：“富贵不能淫，贫贱不能移，威武不能屈”这句话同样运用排比，增强气势。

师小结：这就是孟子文章的特点——句式整齐，气势磅礴。大家再次齐读一遍，仔细体会这一特点。

（学生齐读。）

师：除了仁、礼、义之外，还应做到什么才能算是大丈夫呢？

生：还要做到“得志，与民由之；不得志，独行其道”。

师追问：这句话什么意思？有什么内涵？

生：这句话的意思是，能实现自己的志向，就与百姓一同遵循正道而行；不能实现自己的志向，就独自走自己的道路。这也就是孟子所说的“达则兼济天下，穷则独善其身”。无论处境如何，都要坚守自己的志向和道德标准，不因个人得失而改变。

师：理解得很到位。这句话再次强调“民”，是孟子“民本”思想的体现。请大家进一步深入思考：“居天下之广居……天下之大道”“得志……独行其道”“富贵不能淫……不能屈”这三点有何联系？能否调换一下顺序？

生：不能调换。仁、礼、义是儒家的最高政治理想，是一种情怀。在此之下，“得志……独行其道”是一种行为准则，“富贵不能淫……不能屈”是一种外在表现。这里有一种由内而外的逻辑关系。

（学生自由背诵“居天下之广居……此之谓大丈夫”部分，全班齐背。）

师：孩子们，你们诵读得有点儿味道了，比一开始读得好多了。鲁迅说：“我们从古以来，就有埋头苦干的人，有拼命硬干的人，有为民请命的人，有舍身求法的人……这就是中国的脊梁。”从古到今，哪些人算是中国的脊梁，算得上是真正的大丈夫呢？请用他们的言行作证。

生：林则徐——苟利国家生死以，岂因祸福避趋之。

生：谭嗣同——我自横刀向天笑，去留肝胆两昆仑。

生：文天祥——人生自古谁无死，留取丹心照汗青。

生：红军战士——为革命抛头颅，洒热血，建立了新中国，开创了今天的幸福生活。

师：孟子与景春进行了激烈的辩论，在孟子慷慨激昂地说出了“居天下之广居……此之谓大丈夫”后，同学们想象一下，景春可能会有什么反应？会说些什么？

生：景春会说：善哉，甚好！

（众学生笑。）

生：先生大才，在下浅薄，失敬，失敬！（拱手行礼。）

师：大家看，我们设计的孟子与景春的对话乃至辩论是多么丰富多彩呀，但是课文为什么不按照我们设计的来写呢？为什么景春说得这么少，而孟子说得这么多？（回应学生的第一个疑问。）

生：课文的重点是表现大丈夫的品格，让孟子进行充分的阐述更能体现出课文的中心。

生：景春的话只是一个引子，应该略写。课文的重点是表现孟子所倡导的大丈夫精神，应该详写。这样才能做到详略得当。

师小结：同学们非常棒，你们已经理解了布局谋篇的要义。

5. 展示学生疑问：孟子是不是大丈夫？

（孟子是不是大丈夫?）

【屏显】战国时代及孟子的背景资料：孟子生活在社会动荡不安、人民生活水深火热的战国时代。当时，各国之间“争地以战，杀人盈野；争城以战，杀人盈城”。各国诸侯最盛行的学术是兵家、法家。

面对诸侯间的争战，孟子怀救民于水火的济世理想，带领弟子周游列国，推行仁政。但在当时战乱纷扰的时代背景下，他的学说并不为各国君主所接受。

生：孟子一定是大丈夫，因为当时社会动乱，战争、屠城现象很普遍，很多人心怀不善，而孟子用自己的行动来感化他们。

师追问：他采取了什么行动?

生：孟子一直在坚守自己的信念，自己先做到仁、礼、义，然后无论遇到什么困难，都在带领弟子周游列国，努力推行仁政。

师总结：是的，孟子一直坚守自己的理想与信念。他说：“虽千万人吾往矣。”纵使成千上万的人阻挡我，也阻挡不了我对理想、梦想的追求，我就是要推行仁政。而且他说：“我善养吾浩然之气。”下面，让我们再次诵读课文，读出孟子“吾往矣”的坚毅和充塞天地的“浩然之气”。

（学生齐读课文，读出浩然之气。）

（山东省济南市槐荫区礼乐初级中学　任剑飞）

专题八：名著导读

恩怨分明真好汉　忍辱负重亦英雄

——《水浒传》导读设计解读及教学实录

教材解读——基于教材编写意图

统编版初中语文教材九年级上册推荐阅读《水浒传》的整本书，并在九年级上册第六单元选择了中国明清白话小说中的精彩篇章，目的是激发学生阅读此类小说的兴趣。阅读古典小说《水浒传》可以帮助同学们进一步感受中国古典小说的魅力，了解其思想和艺术成就，加深对中华优秀传统文化的认同。

《水浒传》这部作品是有一定阅读难度的，教师在导读的过程中要注意引导学生掌握古典小说整本书阅读鉴赏的方法，在充分开展原生态阅读的基础上，强调对小说内容和主旨的深度解读和思辨，从而达成“培养学生阅读和赏析古典小说的能力”与“理解作品深厚主题”的学习目标。

九年级上册第六单元的名著节选，其内容主旨及风格多有不同。《智取生辰纲》写得惊心动魄、引人入胜，揭露的是当时社会的黑暗；《范进中举》的语言讽刺绝妙，可笑又可悲地书写了封建科举制度对世人的毒害之深；《三顾茅庐》主写言论，写出了贤明君主的求贤若渴和战略家诸葛亮运筹帷幄、决胜千里的大智慧；《刘姥姥进大观园》则以刘姥姥的视角记叙了大观园生活的诸多细节，写活了贾府诸多人物，解释了封建大家族倾颓的必然原因。在中国古典小说中，作者一般通过对人物的行为、语言、神态的刻画来塑造人物形象。直接的心理描写在中国古典小说中是不常见的。

读《水浒传》还要注意到它独特的结构特点，即“链式结构”。在前四十回里，其故事发展前后勾连，一人引出另一人，另一人又引出下一人，主人公似乎一直在换，每个重点人物的形象却又越来越明晰。随后的三十回，百川汇海，群雄梁山聚义，一下子从个体列传转化为好汉群像，写出一派盛景。最后的三十回，则是写梁山聚义走向失败。阅读思路是环环相扣的。梁山人物很多，每个人的性格各有不同，如何在相似的情节和做法中读出每个人的不同之处是学生阅读能力需达成的目标，也是对教师导读能力提出的高标。虽然不同人物有相似的故事情节，但武松的“豪”不同于石秀的“狠”，林冲的“忍”不同于卢俊义的“昏”，鲁智深的“直”不能读成李逵的“莽”。这些只有依靠深度阅读和深度学习才能实现。

教学重点——基于文本特性和学生所需

《水浒传》是一部有些特殊的经典作品。无论从文学研究的角度还是艺术审美的角度，《水浒传》这部作品都无愧四大名著的美誉。它丰富地再现了北宋独特的民俗风貌以及官逼民反的社会现实，人物塑造更是活灵活现，同中有别。

然而从思想价值观的角度来看，这部作品有太多关于凶杀、劫财、造反的描写，而作者却以欣赏甚至褒扬的笔法一一写来，其中很多做法都和我们现实生活格格不入。其实，不止当代，即便远一点儿说，也早有“少不读水浒”的说法。究其原因，青少年血气方刚，思想尚未成熟，很容易受作品影响而变得桀骜叛逆甚至漠视生命。余党绪老师曾说：“在文学与历史领域，如果不能确立一个基本的人道底线，那么，孩子在无数次的反复和强化后，将会混淆英雄与恶棍的界限，这是很可怕的。”所以，教师在学生阅读后的点拨对于学生正确价值观的形成将起到重要的作用。

我们这节“鲁林十回”的导读课，深度学习的重点应该放在哪里呢？通过调研学生对文本的理解和所需，我们确定把学习重点从林冲人物性格的解读调整到人物思辨上，即深入分析林冲这样一位知人情、懂忍让、不害人、不杀无辜的英雄为何被逼上梁山的社会根源。这样既深化了学生的思维，没有在一望而知的人物性格层面停留，同时又推而广之，由林冲到一百单八将，直击整本书的背景和社会根源，引导学生建立从现象看本质的分析的思维。本节课在学生所需基础上引导深度思考，就不会让关于暴力的描写占据学生的大脑，将最终的落脚点放在兼顾文明和人性的畅想上，把握林冲之善，引导学生去体会、理解和区别美丑善恶，以达成语文学科的育人目标。

由此，确定本文的学习重点是：辨析林冲性格中有别于其他好汉的“善”的一面；思辨林冲这样的英雄人物被逼上梁山的社会根源。

教学内容——基于学生阅读发现、感受和质疑的深度思辨

名著整本书的阅读的难度是远远高于单篇课文阅读的。教师在日常开展古典小说导读的时候，往往容易因为作品容量过大、人物繁多，采用一种快餐式或者填空问答式的导读模式。动辄把一部生动的文学作品笼统提炼为几个常见题型，让学生做一做就算完成了任务；或者干脆把整部作品肢解得支离破碎，给学生造成“文学名著不需整本书阅读”或者“文学名著不过如此”的错误印象。阅读文学名著，没有一点儿温儒敏先生所说的“连滚带爬”玩赏的状态是不行的。很多时候，教师急功近利的教学行为无意中成了学生和名著之间的“横断山脉”，阻断了文学的灵性和魅力，也阻断了学生对文学的爱。

那么教师的教学设计应该侧重什么呢？我们认为，教师应该尝试尊重学生在阅读作品时候的基本感受，并在这感受和质疑的基础上开展深入阅读和思辨类的教学活动，有效提升学生的阅读思维品质。

这节课选择了同学们耳熟能详且最早读到的“鲁林十回”作为切入点展开教学设计。在布置学生进行前十回阅读的基础上，我们在导学案上留出足够的空间供学生表达自己的初读发现、感受并提出置疑。让学生们在完成导学案后，既保留了对文本的初读心得，又有一定的阅读思考。教师的课堂教学就是要用导读点拨的抓手帮助学生开展更有深度的思辨和学习。在细节中读出人物的形象，在比较中读出人物的个性，在思辨中品评人物的优劣，在感受中体会人性

的善恶，在琢磨中领悟命运偶然中的必然，从而行进至小说意旨的深处，也逐渐漫溯到语文学习的深处。

教学路径——基于语文学科核心素养的要求

基于语文学科核心素养的要求，《水浒传》等中国古典小说的阅读同样涉及“语言的建构与运用”“思维的发展与创新”“审美的鉴赏与创造”“文化的传承与理解”多个层面。通过阅读，学生可以积累较为丰富的语言材料和语言习惯以形成良好的语感；能在已经积累的知识和语言材料之间建立和强化有机的联系；能将文学作品置于特定的历史和社会文化背景中加以体验和解读；能够通过对情节和细节的梳理整合完成与文本和作者的对话。更重要的是在深度阅读的过程中，学生可以获得思维能力和品质的发展；不仅能够获得对语言和文学形象的直观感受，还可以运用联想和想象联系已有知识，丰富自己对文学形象和现实生活的感受与理解。学习用批判性思维审视文学作品，比如从人性的角度去对比看似软弱的林冲与杀人如麻的武松，品评“英雄”与“好汉”之别，读出一个不一样的《水浒传》。在这样的思辨过程中，学生阅读思维的深刻性、灵活性、敏锐性、批判性和独创性也会因之提升。另外，四大名著之一的《水浒传》是博大精深的中华传统文化的代表，通过阅读，学生会深切体会中国古典小说之魅力所在。这对于我们增强文化自信，理解并认同优秀的中华文化也是大有裨益的。

教学环节——具体教学流程

第一环节：谜语激发兴趣，画笔导入课堂

师：同学们好。很高兴能够和同学们相聚于此。昨天自我介绍后，赠给了同学们一册《三国录》，发现大家都看得津津有味，看来同学们对古典小说都很感兴趣。今天我先卖个关子，先请大家猜个谜语，看看老师画的是哪位耳熟能详的三国人物。（教师 15 秒钟抓住特点，简笔画出张飞。）

生（纷纷）：张飞。

师：好眼力呀！那么大家对《三国演义》里的张飞都很熟悉吧？

生：老师，我知道张飞和刘备、关羽桃园三结义，武艺超群，非常厉害。

生：老师，我也知道张飞长得特别黑，打仗使丈八蛇矛，脾气特别大。

师：关于张飞，你们说得都很对。但你们知道吗？《水浒传》中有个人物被称作“小张飞”，你们能猜到是谁吗？

生：我知道，一定是黑旋风李逵，他俩太像了！张飞长得黑，李逵也黑；张飞莽撞，李逵也莽撞；张飞经常惹祸，李逵也喜欢惹祸。

生：但是张飞是马上战将，李逵是步兵头领。我倒是觉得“霹雳火”秦明和张飞更相似，也是能征惯战，性如烈火，还是梁山五虎将之一。

师：我不得不承认，你们的分析都很有道理。然而遗憾的是你们的答案都不对。《水浒传》里被称为“小张飞”的那个人是豹子头林冲。

生：啊？

生：老师，这个我真不信。林冲哪点儿像张飞啊？您说他像赵云还差不多。

生：老师，林冲出场的时候，虽然外貌是“豹头环眼，燕颔虎须”，但是对于他的打扮还有这样一段描写：“只见墙缺边立着一个官人，头戴一顶青纱抓角儿头巾，脑后两个白玉圈连珠鬓环，身穿一领单绿罗团花战袍，腰系一条双獭尾龟背银带，穿一对磕爪头朝样皂靴，手中执一把折迭纸西川扇子。”感觉是儒将的打扮。

生：我也不信。要是我们没读过《水浒传》，肯定被您给忽悠了。

第二环节：剖文方见心性，解读两面林冲

师：我真没忽悠你们。你们既然都通读过《水浒传》，一定知道二打祝家庄时林冲擒扈三娘那段吧。

生：知道，在第四十七回“宋公明两打祝家庄”。

师：好，看一丈青扈三娘追赶宋江到树林边，眼看要捉住了。此时，树林里冲出一队人马，簇拥着一个壮士。看看书上怎么描写他的？“嵌宝头盔稳戴，磨银铠甲重披。素罗袍上绣花枝，狮蛮带琼瑶密砌。丈八蛇矛紧挺，霜花骏马频嘶。满山都唤小张飞，豹子头林冲便是。”

生：“满山都唤小张飞”，真是啊？奇了怪了，没道理啊？

师：你们要是觉得证据不充分，再往后翻书。看第七十八回“十节度议取梁山泊，宋公明一败高太尉”，一开场就有篇赋称赞水泊梁山三十六员英勇将。找到写林冲的那句吧，谁找到谁先读出来。

生：找到了。“林冲燕颔虎须，满寨称为翼德。”

师：对吧？翼德可是张飞的字。而且《三国演义》里描写张飞时，用了四句话：“豹头环眼，燕颔虎须，声如巨雷，势如奔马。”武器是丈八蛇矛。在林冲第七回出场时，就写到“那官人生的豹头环眼，燕颔虎须，八尺长短身材，三十四五年纪”。迎战一丈青时，使“丈八蛇矛迎敌”。这一对照，我们便可看出两人身高、长相一样，使用的武器一样。那么问题来了，为什么你们会觉得这两个人一点儿都不像？

生：从描写看，这俩人长得真是一样的，但是他俩的脾气性格可是差距太大了。所以给我们的感觉是他们一点儿都不像。

生：其实描写中也有不一样之处。《三国演义》提到张飞除了“豹头环眼，燕颔虎须”外还有“声若巨雷，势如奔马”，这是暴脾气的人才有的特点，这些在对林冲的描写中没有。

生：我觉得林冲特窝囊，高俅和高衙内都欺负到头上来了，林冲却把气憋在心里，一忍再忍，逆来顺受。换张飞，早就把这俩坏蛋收拾了，就跟怒鞭督邮似的，把那高衙内吊起来抽。

师：说的正是！林冲不但自己忍了，还阻止鲁智深为他报仇。发配路上，连小小的押差董超、薛霸都敢折磨他，他还是一口一个“小人”的赔不是。死到临头，董超、薛霸说明要杀他，他仍然不想反抗，还泪如雨下。你们是不是觉得林冲太没骨气了？是不是觉得性格这样软弱的一个人怎么能唤作“小张飞”呢？可是你们只看到了林冲的隐忍，思考过他隐忍和软弱背后的原因吗？

（投影显示学生问题。）

王晨子璇：林冲为什么忍气吞声？

杜昊霖：林冲被陷害为什么一直忍着？他是惧怕高俅吗？

生：他还想着发配回来和妻子团圆。

师：是的，他有家有室，不能像孑然一身的武松那样大闹飞云浦，血溅鸳鸯楼。一旦闹出事来，自己可以一走了之，但是妻子和岳父跟着全家遭殃。从这里应该能看出，好汉林冲并非软弱可欺，只是有男人的责任和担当。

生：我觉得林冲也很善良。在发现高衙内拦住自己妻子的时候，他怒斥高衙内，却没有杀他。在野猪林，他不让鲁智深杀死折磨了他一路的董超、薛霸，还为这两个人说情。

师：是的，林冲遇事冷静理智，不迁怒他人，不滥杀无辜。凡事顾全大局、考虑比较周全。

生：可是林冲忍了那么久，为什么在第十回中"风雪山神庙"中，他却没忍住杀了陆谦那几个人？

师：那你就要弄明白陆谦来干了什么事。

生：他奉高俅的命令想来烧死林冲。

师：说对了，这是关键。如果他们只是来行刺，没有成功被林冲给制住了，没准林冲还不会杀他们。但是你们看，这三人放火之后在山神庙檐下有一番对话，被林冲听到了。大家一起读：

学生齐读：三人在庙檐下立地看火，数内一个道："这条计好么？"一个应道："端的亏管营、差拨两位用心。回到京师，禀过太尉，都保你二位做大官。这番张教头没得推故了。"那人道："林冲今番直吃我们对付了，高衙内这病必然好了。"……那一个道："这早晚烧个八分过了。"又听一个道："便逃得性命时，烧了大军草料场，也得个死罪。"

师：你们读出了什么？

生：我读出了林冲的愤怒，因为即便不死，也已经被陷害，背负了死罪。

生：回家团圆已经无望，他们已经把林冲逼得走投无路，不得不反了。

师：这句话特别关键。林冲犯罪被发配充军，奉命看守草料场，谁想这草料场却失火被烧，追究下来，再也没有活命的机会了。陆谦三人这一举动彻底断绝了林冲想要发配期满回家团圆的念想，也一下子激起了林教头的愤怒。

师：请大家一起读：

【屏显】愤怒是人的正常情感之一，没有愤怒的人生，是一种残缺。当你的尊严被践踏，当你的信仰被玷污，当你的家园被侵占，当你的亲人被残害，你难道不滋生出火焰一样的愤怒吗？当你面对丑恶，面对污秽，面对人类品质中最阴暗的角落，面对黑夜里横行的鬼魅，你难道能压抑住喷薄而出的愤怒吗？——毕淑敏《珍惜愤怒》。

（学生齐读。）

师：大家如何看待此时林教头愤怒的爆发？

生：忍无可忍，无须再忍。

生：手刃仇人的林冲才是真的好汉，觉得痛快！

生：人都是有脾气的，更何况是“小张飞”！

师：那么林冲除掉害自己的陆谦等人之后有何变化呢？我仔细查看了同学们的预习单，在此处，同学们产生了一些疑问。

干奕萱：为何林冲杀人后性情大变？

郑欣然：为什么林冲大开杀戒后，只是打走了庄客，却没有像武松血溅鸳鸯楼一样杀人？

师：大家怎么看这些问题呢？林冲大开杀戒后是否成为武松、李逵那样的“魔君”了呢？李逵杀人，动不动就是“举起双斧，排头砍去”。有同学也说到了武松血溅鸳鸯楼。他化身复仇之神，大闹飞云浦后把张都监家里一十三口杀了尽绝，很多人都为之拍手叫好，称武松快意恩仇。

深度思辨一：林冲大开杀戒后是否成为武松、李逵那样的“魔君”了呢？

生：林冲性格有了很大的变化，拥有了梁山好汉的豪气。他不再隐忍，不再妥协。

生：但是他却不会滥杀无辜。他只杀了来谋害自己的陆谦等人。冤有头，债有主。

生：风雪山神庙后他打了那些庄客，说明还是在气头上。

生：虽然打了人，但只是赶走而已，不会随便杀人，这点上来说就比李逵好多了。

生：这些欺生的庄客如果落到武松手里估计也就死了。

师：此时的林冲才真正展现了自己的豪侠性格。但这种豪侠绝对不是像李逵那样排头砍人，滥杀无辜；也不会像武松那样杀人绝户。所以金圣叹点评林冲说，读：

【屏显】林冲自然是上上人物，只是写得太狠。看他算得到，熬得住，把得牢，做得彻，都使人怕。这般人在世上，定做得事业来，然削琢元气也不少。

（学生齐读。）

师：豹子头林冲这个人物，施耐庵是花了大气力来写的，用了六回来表现。林冲是《水浒传》里是为数不多的几个主要人物之一。他的性格特点，在水浒英雄里也属于比较复杂的那一种。他被陷害充军前，性格隐忍、精细；被逼上梁山后，反抗精神骤强，性格上出现巨大转变。这是他的不幸，也是他的成长。正如艾薇儿同学在预习单上所言：

艾薇儿：林冲。他一方面安分守己、循规蹈距，有极强的正义感。一方面也有以牙还牙的报复心理。他得知陆谦、富安加害于他时，不禁大怒，四处寻仇，走上了反抗的道路。林冲有勇有谋，委曲求是，是英雄好汉的真实写照。

第三环节：连接江湖庙堂，开展深度思辨

周涵锐：林冲为什么不像鲁智深那样潇洒地直接上梁山而是遇事软弱，最后无可奈何被逼上了梁山？

师：周涵锐同学提出这样一个问题，大家思考一下：林冲这样好的一个人，为什么会遭人陷害走投无路，以至于被逼上梁山？按道理说，北宋也是有一套行之有效的规范社会的法律制度的，然而身为八十万禁军教头的林冲却被高俅轻易陷害。鲁智深、武松虽然都打倒了恶势力，但结果却还是出家和落草。那么究竟是选择留在朝堂之上还是浪迹江湖？贾欣妍同学还做了这样的思考，大家一齐来看。

古代人不都是追求封侯拜将的吗？
为什么有那么多像林冲一样的英雄好汉，最后都不得不落草为寇？

深度思辨二：林冲这样的好人为何无法一展抱负，却被逼上梁山？

生：因为高俅太坏了。

生：不止高俅，高衙内、富安、陆谦都太坏了。

生：林冲太隐忍了，他就应该直接反抗，把恶势力打倒。

师：难道北宋时期就没有什么能和奸臣们抗衡的人物或部门吗？杨旭同学提出这样一个问题。

这南衙开封府是不是朝廷的？高太尉为何权力如此大？

生：当时的社会腐败，奸臣当道，官府昏庸，当官的都是些害人的奸贼。

生：高俅和皇帝是球友，仗着皇帝的偏袒，为所欲为。

牛：其实开封府已经救了林冲一条命，但是他们也不敢得罪身居高位的高俅。

师：在那个走向末世的大宋，法律失去了对社会的控制力，道德失去了对人心的约束力，奸佞祸国，人心不古。像林冲这样的正直之士恐怕也只余下反叛和屈死这两条路了。箭在弦上，不得不发。林冲等人就是这样被逼上梁山的。

读整本书，续写结局

因各种原因，一百单八将纷纷上山，梁山规模达到空前鼎盛，有了和宋王朝分庭抗礼的能力。所以有同学读完了整本书后提出这样的一个问题：以林冲为代表的英雄好汉们相继离开庙堂，回归江湖。可上了梁山之后却又盼着被“招安”，向朝廷主动投降，这是为什么呢？

深度思辨三：梁山好汉们为何在远离庙堂，踏上江湖之后又选择“招安”回归庙堂？

生：大概是觉得有一身本事不能建功立业，落草为寇很丢人吧。

生：封建传统忠君思想始终都在。

生：因为宋江没有骨气，就知道投降。

生：墙头草太多了，有些人真的对不起“梁山好汉”的称号。

生：即便是被朝廷“招安”，也该先杀了奸臣。

师：很难理解一个投降的林冲。但是1998年拍摄的电视剧《水浒传》，给林冲设定了一个全然不同的结局：宋江率众与朝廷作战，还把高俅捉上山来……林冲几次三番想杀了高俅给家人报仇，却被宋江阻拦。林冲眼看仇人在眼前而不能杀，气得落马吐血，郁郁而终。很多观众认为这一幕的改编更符合林冲的性格以及现实情况。老师在心里为林教头构想了一个结局，也为梁山好汉们构想了一个结局，不过，老师希望与你们交流之前，先请你们当堂进行一次写作，续写一个不同于《水浒传》中的林冲结局的结局。

整本书阅读：假设与构造替代新的畅想

（学生续写并进行交流。）

教师点评：大部分同学为林教头构想了一个斩杀奸佞、报仇雪恨的快意结局。这结局里寄予了我们强烈的正义感和道德理想——“善恶到头终有报，天地之间有公道”，也道出了《水浒传》的真意。好，今天的课就上到这里了，下课！

（山东省济南市槐荫区礼乐初级中学　郑洋）

探寻鲁迅成长之路　思悟伟大如何炼成

——《朝花夕拾》设计解读及读书交流课实录

教材解读——基于教材编写意图和单元目标

名著导读《〈朝花夕拾〉消除与经典的隔膜》编排在统编版初中语文教材七年级上册第三单元。这个单元围绕学习生活选取课文，各篇课文均与“学习”这一主题有所关联。《从百草园到三味书屋》讲述了鲁迅少年时在私塾里随寿镜吾先生学习的故事；《再塑生命的人》记叙了身体严重残疾的海伦·凯勒在莎莉文老师的帮助下一点点地开辟通往世界的道路；《〈论语〉十二章》出自最重要的儒家典籍《论语》，讲述了关于学习和做人的道理。本单元的这几篇课文涉及范围甚广，古今中外、文言白话，可谓内容丰富，题材多样，写法各异。共同点是所写主题均与学习相关，以便学生们从中获得不同的学习和体会。

《朝花夕拾》描写了鲁迅少年时期的所见所闻、所历所感，展现了他性格、志趣形成的过程。阅读本书能够丰富学生对童年生活的体验和情感，消除对鲁迅先生的隔膜。

统编版教材以教和学为视角，区分为“教读”和“自读”两种课型，并与“课外阅读”一起形成“三位一体”的阅读教学体系。强调多读经典，强调由课内向课外的延伸，向社会生活延伸、拓展。《朝花夕拾》是第三单元教读课文《从百草园到三味书屋》的课外延伸。由“教读课文”引向了“课外阅读”，引向了鲁迅更加丰富的成长经历，将读“小”鲁迅的童真童趣引向读出“大”鲁迅的情怀。

教学重点——基于文本特性和学生所需

《朝花夕拾》原名为《旧事重提》，收录了鲁迅先生于1926年创作的10篇回忆性散文，是他唯一一部回忆性散文集，包括《狗·猫·鼠》《阿长与〈山海经＞》《二十四孝图》《五猖会》《无常》《从百草园到三味书屋》《父亲的病》《琐记》《藤野先生》《范爱农》，另有《小引》和《后记》。前7篇描写了他在绍兴时的家庭与私塾生活，彼时的鲁迅还处于孩童时期，因此散文多带有童真童趣；后3篇散文记录了他从家乡到南京，后来又到日本留学，最后回国教书的经历。

《朝花夕拾》的每一篇散文看上去很独立，有的是怀念一个人，有的是记一件事，也有的是谈一本书。但它不是一部散漫随意的回忆性散文集，篇与篇之间有着内在联系，都服从于整本书。这组散文是鲁迅作品中最富生活情趣的篇章，我们可借此了解鲁迅从幼年到青年时期的生活道路和心路历程。作家通过自己童年和青少年时期接受教育的经历，反映整个中国从传统到现代转型过程中教育的变化，及其对一代人成长的影响。

《朝花夕拾》是关于鲁迅生平的第一手资料，我们可以从中看到早年鲁迅真实而完整的形象。原来，先生除了坚毅强悍，其实也温软细腻；除了冷峻刚烈，其实也幽默有趣。原来，伟大的人也有平凡有趣的童年，也有迷茫煎熬的青年时代。学生读鲁迅丰富的成长经历，从感受“小”鲁迅的童真童趣走向领悟“大”鲁迅的情怀，为将来深入解读鲁迅打下良好的基础。

对初一的学生来说，读懂其中一篇文章相对容易，但是要从《朝花夕拾》零散的信息中窥得鲁迅的教育成长史难度很大。这只有依靠在深度的阅读和学习中才能实现。由此，我确定的教学重点是：把握全书以作者成长轨迹为线索的整体构思；在平凡的故事中探寻伟人非凡的人格魅力，汲取营养，涵养心灵。

教学内容——基于学生阅读发现、感受和质疑的深度思辨

课堂教学内容如何确定？教育家钱梦龙说过：“因为首先我考虑的不是学生将会怎样配合我的教，而是自己的教学怎样去配合学生的学。因此，仔细体察学生认识活动的思路和规律，是我备课的一个重要内容。”

课堂教学的起点是学生。教师要教的是学生不喜欢但有价值的地方，是学生读不懂的地方，是学生读不好的地方。不喜欢的地方，使他喜欢；读不懂的地方，使他读懂；读不好的地方，欣赏不了的地方，使他读好，能够欣赏。

《朝花夕拾》对于学生而言是一本怎样的书呢？有儿童的童真童趣，也渗透着真诚、善良和爱。但是，很多学生望而却步，原因是读不懂，除了时代的隔膜、背景的复杂，还有语言的障碍。所以，我根据学生的实际情况和实际需求来确定教学的起点，真正为学生走进文本提供帮助。

通读完《朝花夕拾》后，布置任务，让学生解读自己印象最深的事件或人物，这是在千方百计地贴合学生的需求，尊重学生的个性化阅读体验和感悟，强化对重点内容的认知。这样的设计可以跳过晦涩难懂的部分。在“整合信息，梳理成长史”环节中，教师引领学生，梳理作品整体构思，进行深度思维；在“深入探析，不平凡因素”环节中，师生在探究中领悟作者想表达的深层含义，在平凡的故事中探寻伟人的不平凡魅力，汲取营养，涵养心灵。

教学路径——基于语文学科核心素养的要求

基于语文学科核心素养的要求，《朝花夕拾》阅读同样涉及了从“语言的建构与运用”“思维的发展与创新”“审美的鉴赏与创造”“文化的传承与理解”多个层面。

阅读《朝花夕拾》，领略其独特的喜剧美感、精练的技巧，感受语言文字的张力与魅力，有助于提升学生的语言理解与表达能力。

鲁迅在文章中体现出来的独立思考、批判精神和不随波逐流的个性，便是

他注定不平凡。这一些有助于培养学生的思辨能力、独立精神与自由人格。

《朝花夕拾》的大部分内容是记叙作者童年、少年时期在故乡的生活片段，因此它自然地具有儿童情趣和世俗生活情趣。书中所展现的真诚、善良、爱和牺牲，向我们倾诉着无限温情。学生在感悟美好的同时，塑造了正确的人生观与价值观。

鲁迅是在民族沃土中成长起来的艺术家。他对故乡民俗文化、风土人情的倾情描绘具有浓郁的江南乡土文化气息，蕴含着浓郁的乡情乡思。阅读《朝花夕拾》，不仅为我们打开了一幅民间民俗文化长卷，让青少年受到了民族优秀传统文化的感染与熏陶，更激发这一代青少年的爱国情怀与对本民族文化的认同。

教学流程

1. 课堂导入。

师：提到鲁迅，大家对他的第一印象可能是爱憎分明、笔尖锋利。但其实，鲁迅也有慈爱温软、幽默风趣的一面。他对他人、对动物、对乡土、对自然有着温和的感情与特别的情怀。想要探寻鲁迅成长的轨迹，完整地了解鲁迅，你就一定要读《朝花夕拾》。

2. 初读交流——难忘的人和事。

师：读了《朝花夕拾》，有哪些令你们难忘的人，难忘的故事？课前我们布置了学习任务，下面咱们来交流一下。

生：让我印象最深的是书里面那些好玩的地方。百草园肯定是大家最难忘的。我印象最深的是百草园好吃的桑葚、覆盆子，轻捷的叫天子，人形的何首乌，神秘的美女蛇……哎呀，想想都觉得小鲁迅也太幸福了。这样的童年真令人羡慕。小鲁迅要离开时一遍又一遍地说着“别了，我的百草园”，让我们读出了他对童年生活的留恋，这样的感情能让我们产生共鸣。要是我，与百草园分别的时候估计得大哭啦。

生：我非常喜欢长妈妈。长妈妈为小鲁迅买来他渴慕已久的《山海经》。

切切察察的长妈妈有很多规矩，踩死了隐鼠还死不承认，可就是这样一个烦人且不识字的保姆，却呵护小鲁迅对文学的热爱之心。不知道她是如何与书店的人描述“三哼经”的，可她却办到了其他人不愿意办的事情。从这里我看到了长妈妈对鲁迅真诚而朴实的爱。与长妈妈形成对比的是《琐记》里的衍太太。她待人一点儿也不真诚，鼓励小孩子吃冰，多打旋子，在有其他大人在场的情况下又换成另外一副关心小孩子的嘴脸。更过分的是，她唆使小鲁迅偷家里的钱财，唆使不成又到处散布流言，逼得鲁迅只能逃离家乡。如果说长妈妈的朴实让小鲁迅感受到了真心实意的关爱，那这个衍太太则是一个反面教材，让鲁迅，也让我们看到人性的丑陋。

师：通过对比阅读的方式读出人物形象的不同，优秀！

生：给我印象最深的是《藤野先生》。《藤野先生》中的藤野一直鼓励着鲁迅从事反帝反封建的斗争。“每当夜间疲倦，正想偷懒时，仰面在灯光下瞥见他黑瘦的面貌，似乎正要说出抑扬顿挫的话来，便使我忽又良心发现，而且增加了勇气了，于是点上一支烟，再继续写些为‘正人君子’之流所深恶痛疾的文字。”藤野先生影响了鲁迅的一生，一个重要原因就是藤野对鲁迅倾注了无私的爱：他平等公正、一丝不苟地为一个清朝留学生改作业，连一根画错位置的血管也要当面替学生改过来；他关心学生的个体差异，听说中国人敬鬼，担心鲁迅不肯上解剖课；他尊重学生，尽管替鲁迅弃医从文感到惋惜，但理解鲁迅这位弱国子民的强国梦，临别还赠予题写了“惜别”二字的相片。这些对一个受尽了歧视和污辱的清朝留学生是多么大的鞭策和鼓舞啊。鲁迅是不幸的，生活在那样一个时代，小小年纪经历人生坎坷和家国不幸；他又是幸运的，遇到了影响自己一生的好老师。

生：我印象深刻的是鲁迅的父亲。《五猖会》记叙了作者一次看五猖会时出现的波折：本来对五猖会的精彩内容心驰神往，而父亲却在临行前逼着鲁迅背出《鉴略》，还没有经过鲁迅的同意就要求“背不出，就不准去看会”。大家都觉得这样很粗暴，给鲁迅留下了心理阴影，可以说是遭到了封建教育的摧残。

但从另一角度来说，父亲让鲁迅背书，就是在给自己的孩子立下一个终生遵循的规矩——读书才是一辈子要做的事。书中写道："在百静中，我似乎头里要伸出许多铁钳，将什么'生于太荒'之流夹住；也听到自己急急诵读的声音发着抖，仿佛深秋的蟋蟀，在夜中鸣叫似的。"凭着鲁迅的天赋，他做到了。可见，父亲对鲁迅影响之深，他是一个对孩子严厉而又不失理性的父亲。

可是在《父亲的病》中，父亲的权威形象垮塌了，父亲生病了。鲁迅四处请名医，搜集偏方。庸医陈莲河故弄玄虚，草菅人命，勒索钱财，这些都是对鲁迅深深的打击和教育。鲁迅立志学医，不想让更多的人被庸医所害。

师：这位同学能联系不同的篇目分析人物形象，很棒！看得出来，大家进行了认真的准备，思考深刻。老师为积极发言的同学点赞！

3. 整合信息，梳理成长史。

师：请大家思考一个问题，《朝花夕拾》的每一篇散文看上去很独立，有的是怀念一个人，有的是记一件事，也有的是谈一本书，它们之间有关系吗？

【屏显】《朝花夕拾》最初是以单篇连载的形式发表在《莽原》杂志上，十篇回忆性散文一气呵成。鲁迅在《旧事重提》的总题目下，每发表一篇都注明"之一""之二""之三"……显然，作者在写作前已经作了通盘考虑，有计划地安排整体内容。

王瑶先生曾经指出："研究《朝花夕拾》不能只把它看作是片断的回忆录，也不能满足于只就各篇作细致的分析，还要注意把全书作为一个统一的机体来考察，了解作者写这一组文章的总的意图和心境，从总体上把握此书的意义、价值和特色，认识它在中国现代散文创作和鲁迅作品中的地位。"

请同学们按照鲁迅的年龄在相应的篇目下打对号，找寻《朝花夕拾》内容安排的规律。请一位同学展示。

生：我发现，《朝花夕拾》是按照年龄的增长来编排的。

	狗、猫、鼠	阿长与《山海经》	《二十四孝图》	五猖会	无常	从百草园到三味书屋	父亲的病	琐记	藤野先生	范爱农
孩童	√	√	√	√	√	√	√			
青年								√	√	
成年										√

师：谁能继续补充得完整一些。同一个年龄阶段，鲁迅在干什么？

生：《朝花夕拾》是作者按照童年到青年的成长顺序来进行内容编排的。前七篇写了他在绍兴时的家庭和私塾生活；后三篇记录了他从走出家乡，去日本留学，到回国教书的经历。

师：总结得非常好。《朝花夕拾》写的是鲁迅由童年、少年到青年的教育成长史，分三个人生阶段。请大家小组合作，完成下列表格，整理《朝花夕拾》零散的信息，梳理鲁迅的教育成长史。

【屏显】

《朝花夕拾》——鲁迅的教育成长史

学习阶段	学习内容	学习方式	“教材”	批判对象
无拘束的童年	自然界动物、植物	临摹、绘画、游戏	百草园、《山海经》	自然界的弱肉强食
民间文化学习				
走出故乡				

生：我们组整理的结果是，第二个阶段是民间文化的学习。他学习的内容是民间的迎神赛会、民间戏曲、民间传说故事等。学习教材就是民间流行的五猖会、目连戏等。批判的对象是封建传统教育、封建孝道等。

第三个阶段是作者走出故乡以后。他学习的内容有汉文、算学、英文和法文、新的思想，学习途径是留学，出国后继续学习西医。批判的对象是封建专制制度和改良派的软弱。

生：我补充一下，第二个民间文化学习阶段学习教材还有《荡寇志》《西游记》等，出现在《从百草园到三味书屋》中。鲁迅还批判了草菅人命的庸医。

师：同学们总结得很全面，我们从《朝花夕拾》零散的信息中窥得鲁迅的教育成长史。

4. 深入探析，不平凡因素。

师：我们知道，鲁迅以笔代戈，战斗一生，被誉为“民族魂”，是一个伟大的人！《朝花夕拾》讲的多是作者小时候平凡的故事，你觉得究竟有哪些因素影响了他，促使他由平凡走向了伟大？小组先交流合作，然后推举代表发言。（教师板书：平凡走向伟大。）

生：起初鲁迅先生在江南陆师学堂学习，阅读西方医学著作，便在那时决心学医，拯救世人，悬壶救济。之后来到日本仙台求学，遭受了日本所谓“爱国青年”的寻衅和打压。“看电影事件”深深刺痛了鲁迅的爱国之心，使他的自我意识发生了转变。他认识到：真正要救一个民族，仅靠学医治病解决不了根本问题，必须从精神上解决。于是鲁迅先生弃医从文，用他率性犀利的笔与国民党反动派作斗争。我想这就是鲁迅先生从平凡走向伟大的体现。

鲁迅先生有一颗热爱祖国的赤之诚心。所以不管是学医还是以笔为戈，鲁迅先生所做的一切始终是为人民，为中华民族。

师：说得真好。弃医从文，文艺救国。（教师板书：树立救国之志。）

生：我补充一下，鲁迅的成长和父亲生了重病有很大关系。鲁迅因父亲的离世而痛恨“庸医”，成为去日本学医的原因。

师：两位同学所讲的合二为一，就概括出来了影响鲁迅人生选择的重大事件。人生经历一定会影响一个人的人生选择。请其他组继续发言。

生：鲁迅先生由平凡走向伟大的原因自然也少不了身边人的影响。比如：志同道合的范爱农正直倔强，对旧民主主义革命十分失望，后来与鲁迅先生成为朋友，二人志同道合，一起和反动派斗争。这样的朋友使鲁迅先生在抵抗旧社会时增强了莫大的信心，也促使了鲁迅先生走向伟大。

生：对！还有寿镜吾先生。他是鲁迅先生的启蒙老师。他不打骂学生，对学生和蔼又严格，不拘泥于旧时私塾师傅的章法，使鲁迅先生幼年就颇受魏晋风骨的影响。

生：还有长妈妈，给鲁迅买来了《山海经》，开启了他的文学启蒙道路。

师：你们组总结了影响了鲁迅成长的身边的人。同学们有没有发现，鲁迅出身书香门第，是大户少爷，但是他笔下却出现了大量身份低下的劳动人民。大家能不能举个例子？

生：比如长妈妈，少年闰土，做长工等。

师：为什么呢？这对鲁迅的成长有怎样的影响？

生：鲁迅爷爷的舞弊案后，鲁迅的生活发生了很大变化，由一个少爷变成了一个受歧视的人，他看尽了世态炎凉。鲁迅小时候接触最多的是下层劳动人民，所以他非常体恤劳动人民。

师：谢谢这些同学的精彩发言。鲁迅永远是站在劳动人民一边的。请继续发言。（教师板书：体恤劳动人民。）

生：我们组认为鲁迅的性格也是他能成为伟人的重要原因。他爱憎分明，敢于表达。由于衍太太的捣乱，让父亲死得不得安宁，所以鲁迅对父亲深感愧疚，对衍太太则憎恶鄙视。在那个黑暗腐朽、不允许人们反抗的时代，鲁迅先生勇敢发表自己正确的见解，只为唤醒社会，唤醒人民勇于反抗和斗争，即使遭遇迫害也绝不退缩、放弃。

师：说得好！鲁迅这种对黑暗社会的批判精神是否在《朝花夕拾》中充分展现？（教师板书：彻底批判精神。）

生：《二十四孝图》中鲁迅认为“老莱娱亲”“郭巨埋儿”传统孝道非常愚蠢，违背人性。《父亲的病》中几位“名医”巫医不分、故弄玄虚、勒索钱财、草菅人命。鲁迅都毫不留情地进行抨击。

生：《琐记》批判了洋务派办学的“乌烟瘴气”。《范爱农》批判了旧民主主义革命的虚假和脆弱。

师：正如同学们所说，鲁迅的人生经历让他对人民有着深深的认同与爱。他成年后意识到封建教育的愚昧和封建社会的黑暗才萌发叛逆，渴望改变；才会离家去异地学习，立下救国救民的大志；才会拿起笔，成为伟大的文学家、思想家和革命家。

其实还有一点，大家暂时没有关注到，就是中国传统文化对鲁迅成长的影响。《朝花夕拾》中有大量的相关内容，课下同学们可以再探讨总结。

师总结：首都师范大学教授王景山说："《朝花夕拾》不是小说，却细致入微地刻画了一批栩栩如生的人物形象；它不是传记，却提供了鲁迅早年的一大批鲜为人知的传记材料；它不是历史书，却使人从中看到了近代中国历史的若干重要而生动形象的侧面；它当然更不是民俗学著作，但它却涉及并记叙了那么多的城乡风俗习惯。"

这些都有待我们在今后的阅读中去发现、去感悟。也许，这本书永远也读不完，因为它常读常新。老师衷心希望同学们能够拥抱经典，汲取灵气，丰盈青春。下课！

（山东省济南市第十二中学　王茜）

专题九：单元写作指导

每一段动人的故事都是有波折的

——七年级上册第二单元作文“学会记事”设计解读及教学实录

目标解读——基于教材编写意图和经典文本范例

读写双生，跟着课文学写作是统编版语文教材重要的教学理念，也是学生提升写作能力的不二法门，七年级上册第二单元的单元作文——“学会记事”的教学目标便根植于此。

本单元各篇课文虽体裁样式不同，但均属于亲情类文本。《秋天的怀念》《散步》是散文；《金色花》《荷叶母亲》是散文诗；《咏雪》《陈太丘与友期行》是文言文，样态虽不同，却共同将或深沉含蓄或显豁明朗的亲情融于日常叙事之中。值得我们注意的是，以上经典文本的叙事虽然立足于生活片段，却并不支离破碎，反而有头有尾、清清楚楚。与此同时，尽管日常化是其主要特色，但又抓住了日常生活中的矛盾、分歧，叙事上呈现出一波三折、渐行渐深的特征。这样的叙事技巧应该是初一学生应关注并学习的要点。

这种从日常化的家庭生活中提炼故事的方式也启示我们，学生的写作素材源于生活，日常化的写作如日记、周记便是汇聚素材最好的方式，这也应成为本单元的作文方法训练的应有之意。

根据以上解读，并参考《教师教学用书》中“学会记事”一章，本单元的写作目标设置如下。

1. 结合阅读课文，认识把事情说清楚的记事原则。

2. 体会并尝试在叙事中抓住细节、分歧、矛盾等，写出曲折，表达感情。

3. 养成写日记或周记来记录生活的习惯。

教学重点——基于学生已知和学生所需

本次作文写作指导课的教学重点是什么？这应该基于学生已达到的水平和需要提升的水平之间。

记事就是讲故事，讲故事的练习贯穿于学生整个初中语文学习中。叶圣陶说："叙述文的材料是客观事物，写作的目的在于传述。"在记叙文写作中，叙述好一件事，这是一项基本功。

要记叙好一件事，就要交代清楚一件事发生的时间、地点、人物，把事情的起因、经过、结果讲明白。这种写作能力是小学训练的重点，属于学生已知范畴。但要留意的是，不应该呆板地交代这六个方面，要根据文章的需要灵活安排。时间、地点也不是非要点明，有时候可以通过描绘自然景物的特征及其变化将它们间接表现出来。六要素中，事件的起因、经过和结果是最主要的环节。

记事，是为了传达感情，感染他人。须明白的是，写清楚才能写深入，写具体才能打动人。因此记叙过程中需要充分调动学生的感官，穿插生动的描写，这是大多数学生的已知领域，稍需点化即可。

事件的经过是记叙的重点，也是传达感情的重要部分。比如莫怀戚的《散步》，写一家四口在初春田野散步，其中重点写了家人选择路线的经过。母亲要走大路，儿子要走小路，最后母亲改变了主意，同意走小路。走不过去的地方，"我"就背起母亲，妻子就背起儿子。作者这样写，将一家人散步的过程交代得完整、具体、清楚，并且突出了散步过程中的"分歧"，使文章有了波澜，增强了文本效果。倘若深入分析，我们还能看到作者想要表达的关于"生命""责任"的主旨也暗含在这个"分歧"之中。一段波折成就了故事的深刻内涵。

如何精选素材、写出曲折、挖掘内涵是学生需要学会却力不能及的，属于学生的未知领域，是作文课的目标即终点所在。

教学内容——基于学生的独特体验的个性表达

离开生活，作文就成了无源之水、无本之木。在文章中写出真情实感，要选择最熟悉和最有感触的事情来写，这样文章才能真切生动。

生活本身蕴含着丰富的素材，初中生的体验、感悟、思考能力也正在渐生渐长。第二单元的叙事类文章中，生活化的特征得益于几个带有普遍性的意象：《秋天的怀念》中的菊花，《散步》中的田野，《散文两篇》中的金色花、莲与荷，这种由事物牵连出的故事带有很强的个性体验。受此启示，从学生日常生活中也可以找到这种独特事物，比如礼物，可以作为挖掘生活之泉的载体。

围绕学生收到或送出的礼物挖掘送礼人与收礼人之间的情感往事，尤其是这段往事中的波折，如分歧、矛盾、误会等，必定能让学生有话可说、有情可抒、有感可发。

教学路径——基于语文写作表达能力的养成和培育

写作指导课必须在激发感悟和动笔写作之间来回游走。一节作文课只有以“写”为主体活动才能称得上是一节真正的作文课。

引导即互动，互动即体验的调动和表达。越是个性化的体验越需要通过互动的方式加以激发，加以确认。学生在相互激发的过程中不断调整自己的选材与表达，使其更恰切于文章的需要。

写作指导课上，必须有学生的当堂习作，通过练习和交流落实互动的成果。通过对习作的现场点评、提升和再激发，帮助学生实现写作能力的强化。与此同时，互动交流也将是进一步引导学生写出感情，写出思考的重要支架。

教学环节——具体教学流程

环节一：从学生生活出发，激发写作兴趣

导入新课。

师：同学们，今天老师带了些小礼物想要送给大家，这个礼物叫“盲盒”，据说深受你们的喜爱。它们每一个都不一样，打开它，你会有意想不到的惊喜。

师：来，这个送给你。打开看看，喜欢吗？（教师把礼物送给一位同学并交流。）

生：很喜欢。

师：为什么老师要送你们盲盒做礼物呢？你们能理解老师的用意吗？

生：老师是想给我们一个惊喜。

生：老师是想给我们鼓励。

生：老师是想告诉我们些什么。

师：你们都是老师的知音。你知道老师想告诉你们什么吗？

（学生摇头。）

师：同学们，其实我们的生活就像这个盲盒一样，充满了新奇与希望。当我们用心打开生活的宝盒，便会发现其中丰富的内涵和随之而来的美好温暖。

【屏显】礼物是一片深情的希望。

礼物是一份沉甸甸的寄托。

礼物是一颗真挚的心。

环节二：交流礼物，明确选材

师：礼物表达的是情谊，更是深深的期许。在你们的成长过程中一定收到过不少礼物，其中给你们留下印象最深刻、最能打动心灵的礼物是什么呢？请同学们回忆一下，用一句话说一说。（提示：可以是收到的礼物，也可以是送出的礼物，可以是有形的，也可以是无形的。）

【屏显】请用一句话写下给你印象最深刻的礼物。收到？送出？有形？无形？谁送的？送谁的？

生：给我印象最深刻的礼物是我生日时好朋友送我的一条她亲手织的围巾。

师：这份礼物很用心啊，亲手织的围巾，不仅暖在身，更暖在心。

生：给我印象最深刻的礼物是父母对我的养育之恩。

师：父母的养育之恩，这是一份无形的礼物。你能感受到父母对你的爱和培养，说明你懂得感恩。我们要把掌声送给你。

（全班响起热烈的掌声。）

生：给我印象最深刻的礼物是我妈妈送给我的小弟弟。

师：你的这份礼物好特别！一个活泼可爱的小生命，一定给你们全家带来很多的欢声笑语，也让你的生活中多了一份陪伴。你真是个幸福的孩子！

……

师：刚才同学们都在用心回忆着自己的生活，选择自己印象最深刻的礼物。同学们，这其实就是作文的素材。我们不管是写人还是写事，一定要选择那些让你们印象最深刻、最打动人的素材来写。（教师板书：选材——占据心灵。）

环节三：生动描绘礼物，学会记事时凸显细节

师：这份礼物既然给了你们这么深刻的印象，我们不禁好奇它究竟是什么样子的？请同学们用生动的语言描写一下你的礼物。

（学生进行写作，6 分钟后进行交流。）

（学生朗读描写生日礼物“洋娃娃”的片段。）

师：听了你的描绘，这个可爱的洋娃娃仿佛就在我们的眼前，让人爱不释手。我们一起来欣赏一下这位同学生动的描写。

师：“一个黄色的精致小布偶，头上戴着纱帽，一头浅棕色的线发。”写出了洋娃娃的颜色、装扮。“黄色的精致布偶，浅棕色的线发”是从视觉角度来描绘，很细致。“裙摆上的玫瑰花散发出阵阵清香”，刚才是从视觉角度去描绘，这是从什么角度？

生：嗅觉。

师：“她柔软的脸颊上缝制着大大的眼睛和微笑的唇。”“柔软的脸颊”这一句从触觉角度生动描绘了布偶。

师：“那向外翻折的衣领下挂着一枚漂亮的小蝴蝶结。”这是一处细节描写。这位同学为我们提供了描绘事物的范本，就是要抓住细节，充分利用我们的五官，多角度观察和描写，将事物写具体。

（学生：朗读描写礼物“围巾”的片段。）

师：我们一起来看看这条饱含爱意的围巾究竟是什么样子的。“她亲手织的围巾，织了整整三天。”很用心啊。这个围巾什么颜色的你还记得吗？

（通过追问，引导学生完善自己描写的礼物，使描写更生动具体。）

生：棕色的。

师：在描写时可以把围巾的颜色添加进去。你还写到“我虽然觉得样子不是特别好看”。这里写出了你的感受。能不能用具体描写说明一下，呈现围巾哪些地方让你感觉不是特别好看？

生：它的颜色不是特别鲜艳，样式也比较老气。

师：除了颜色和样式，你可以仔细回忆一下围巾的针脚，它跟商场里精致的围巾相比怎么样？

生：围巾比较粗糙，有些地方织得疏密不一，不是很整齐，还有些线头露在外面。

师：这样一条不精致甚至有些粗糙的围巾却让你难忘，为什么呢？

生：因为它是好朋友亲手织的，里面饱含着朋友浓浓的情谊。虽然它比不上商店里精致的围巾，但在我心里它是很珍贵的。

师：千里送鹅毛，礼轻情意重。这条围巾你现在还保留着吗？

生：嗯，一直戴着呢。

师：你领略了围巾编进的情谊，老师读懂了你的重情重义。（教师板书：用心凝视，五官感受。）

师：感谢两位同学跟我们分享了自己印象深刻的礼物。老师想请大家再回忆一下收到或送出礼物时的情景。用一段话写写那难忘的一幕。

（学生伴着音乐描写收到或送出礼物的那一幕。）

师：看大家基本写完了，请一位同学朗读分享一下。

生：那天放学路上，一股股凛冽的北风迎面吹来，吹得脸颊、耳朵似刀割般生疼。我不禁瑟瑟发抖地将衣领提高裹紧，快步疾行。这时，忽然听到背后有人喊我的名字，我回头一看，原来是她。寒风中，她的头发凌乱不堪，脸上却洋溢着动人的微笑。我不禁犯起嘀咕："这大冷天，她找我会有啥事？"只见她从书包里拿出一个纸袋塞到我的手里："这是送给你的生日礼物，我自己织的。"未等我反应过来，她已经转身跑开了。我小心翼翼地打开纸袋，是一条棕色的围巾，摸上去柔软舒服。围巾的边缘还有大大小小的线头，虽然织法粗糙，但是看得出，她是花了很多时间和力气才织好的。我激动地把围巾围在脖子上，瞬间一股暖流流淌到全身。这条并不好看的围巾温暖了我的整个冬天。

师：听完你的朗读，我们似乎也感觉到那一份温暖。"一股股凛冽的北风迎面吹来"是那天情景的真实再现。"寒风中，她的头发凌乱不堪，脸上却洋溢着动人的微笑"，朋友的外貌与神态定格在心中。这些都生动传神地再现了那天的场景，历历在目，让读者身临其境。再请一位同学来分享你的"那一幕"。

生：那就是弟弟？房间里聚满了人，都围着妈妈枕旁的襁褓。令我有些意外的是，房间里很静，但又不是那种因为疾病或虚弱不得不有的寂静，而是一种努力平复激动心情后的安静。襁褓里的弟弟似乎睡着了，几个身穿白大褂的护士姐姐也凑在一旁，小声说："这小男孩真懂事，不哭不闹，蛮心疼妈妈的！"妈妈看起来很疲惫，但脸上却露出甜美的笑。看我进来，她便示意我靠近一点儿，奶奶则低声哄着那小家伙："瞧，姐姐来看你啦！"我顿时感到好奇，于是凑过去。"他怎么不睁眼啊！"我的一句话把众人逗乐了，但大家并未笑出声，似乎怕吵醒了这个胖嘟嘟、脸上还有一道道褶子的小男孩。

"我能摸摸他吗？"妈妈点头同意。我伸出手指，努力用最轻的力道碰了一下他那握成小拳的手。没想到，这一碰竟有了回应，一阵响亮的啼哭传出，房间里立刻爆发出热烈的笑声。那原本努力克制的激动终于充满了整个房间，似乎是在惊叹，这柔弱的小生命竟有这样大的能量。这就是我的弟弟，一个健康可爱的弟弟。

师：听着你的描述，跟随你一起感受着生命的新奇与伟大，这样一份特别的礼物是爱的馈赠。

师：同学们，我们要把一件事写具体，就要抓住细节，通过语言、动作、神态、心理、环境等描写再现当时的情景。（教师板书：情景再现，历历在目。）

环节四：唤起礼物背后故事，学会记事凸显波折

师：礼物是难忘的，而收礼物、送礼物的那一幕、那个人、那份情更让你难忘。看到同学们幸福地分享着自己的礼物，老师也想到了令自己印象最深刻的礼物。老师今天也把它带来了，就是这个蓝色小熊的钥匙链。（教师向学生展示令自己印象深刻的礼物，并讲述礼物背后的故事。）

老师刚刚教完一个毕业班，这个礼物是2020级的一个女生送我的。在过去的三年里，我和这位女生的关系并不融洽，我们之间甚至还发生过激烈的冲突。至今我还记得我们发生冲突的那天的情景，为此我还在自己的空间里写文章记录下那一幕……

【屏显】还记得那天傍晚，她和我面对面站在空荡荡的楼道里："你为什么就不能像吴老师那样对我们温柔一些，为什么总是那么严厉?"质问毫无情面，语气充满不屑。在这样的学生面前，我惊讶到失语。默然、愤怒、忍耐……啪嗒啪嗒，楼道里的声控灯亮了又灭，灭了又亮，她的脸也一同亮了又暗，暗了又亮。

矛盾、痛苦，我想过不再管她，但思虑再三，决定换种方式——不"招惹"、不"忽略"。该了解的就从她家长那里了解，该尽力的照样尽力。于是那次修改作文我花了不少气力在她的本子上，却没有和她说过一句话。这成了我们之间的常态，直到毕业。

师：中考结束后，这个女同学以优异的成绩考上了一所很好的高中。升入高中后，我和她成为微信好友。她经常会在微信上跟我分享自己的高中生活，也会在假期来看我。上个月，她又一次来学校，这一次还带来了礼物。

【屏显】"老师，我陪您走一会吧?""好呀"，我笑着说。"老师，进了高中我才知道，这世界上，或许也是就您会事无巨细地关注我们。”她眉飞色舞地谈着，“我能考上这所高中，多亏了您的严厉。”天已经黑了，啪嗒啪嗒，楼道里的声控灯亮了又灭，灭了又亮。

“看，这是我给您的礼物。其实上学的时候我就注意观察过，您最喜欢布朗熊了，这是我专门给您挑选的礼物。我知道您肯定喜欢，我也知道，您一直都很在意我，只是我……老师，您能原谅我吗?”她说着，眼圈通红，眼泪打着转。我接过礼物，一把搂过她，我们相拥而泣。

我用电瓶车载着她来到车站。等公交时，我俩相拥着咯咯咯地笑，我发现她的眼睛里已全是笑意。夕阳静静地洒在我们的脸上，温暖舒适，把我们的影子拉得好长好长。这一刻，我和她都在成长。钥匙扣上的布朗熊将我们的心扣在一起，彼此温暖。它也让我明白，作为一名教师，每一个孩子都是优秀的、独特的，我需要做的就是默默等待，默默期许，静待花开。一个小小的礼物，此时，正让爱融入我的心中……

师：同学们，老师的故事分享完了，相信你们的礼物背后一定也有着动人的故事，请同学们交流一下你的礼物背后的故事。

（学生分享自己礼物背后的感人故事。）

生：在妈妈刚刚怀孕，告诉我要给我生个小弟弟的时候，我觉得这个消息犹如晴天霹雳。从出生开始，我就是爸妈的掌上明珠。现在突然有一个人要把他们给我的爱拿走一部分，每每想到这些，我的心里难过极了，我觉得他们不再爱我了。生气，愤怒，不接受，就这样我跟爸妈冷战了很久。但是此后的一段时间，怀孕后身体不适的妈妈依然坚持早起为我准备早餐，送我上学，接我放学，陪我写作业到深夜，从未缺席。慢慢地我开始意识到妈妈对我的爱并没有丝毫减少。爸妈还是爱我的！我不再抵触，心理上接受了我的家庭中将要增添一位新成员的事实。甚至开始有些期待这个新生命的到来。

师：你的故事真实而动人。从开始不能接受弟弟，对爸妈不理解，生气、愤怒，到后来理解爸妈，接纳弟弟。你的情感态度发生了很大的转变。你读懂了爱的力量、成长的力量。

生：我和我的好朋友小学时曾因为一点小事产生了矛盾。我们两个冷战了很久，谁也不跟谁说话。后来升入初中要分班，我们没有在一个班里，无法朝夕相处。在我生日的前一天，她亲手织了一条围巾送给我。收到礼物后我非常感动，过去的那些不愉快瞬间烟消云散。脑海中记得的都是六年来我们相处的快乐和美好。这条围巾让我感受到了朋友之间浓浓的情谊。

师：一条围巾让你们之间的友谊更坚固了，情谊更深厚了。

……

师：同学们，老师看到你们刚才在讲述故事的时候都沉浸其中，老师想问问大家，打动人的故事首先应该是什么样的？

生：是真实的。

师：是啊，一个故事之所以打动人，是因为它是真实的，打动过自己的也必然能打动别人。老师和那位女同学之间的矛盾是真实的，我们之间的感情是真挚的。那么在读故事的时候，什么样的故事更吸引你们呢？

生：一波三折的。

师：有波折的故事才吸引人。针对今天的工作，波折其实就是送礼物的人和收礼物的人心理、情感、态度的变化。写出这种转变，你的文章也就有了波折。（教师板书：好故事是真实的、一波三折的。）

环节五：引导学生写出礼物带给我们的收获与思考。

师：老师想把作家曹文轩的一句话送给大家。

【屏显】生活需要凝视与思考，我们不仅是生活的经历者，更是生活的体验者和思考者。

师：礼物带给我们的不仅仅是惊喜和感动，它同样也带给了我们思考与收获。请同学们用一段话写下这个印象深刻的礼物让你们收获了什么？

（学生用一段话写出礼物的收获与思考，并交流。）

生：这份礼物让我感受到父母对我的爱不会因为任何事情发生改变，让我理解到父母的爱都是无私而伟大的。

生：这份礼物让我明白了与朋友相处要多一分理解和宽容。

……

师：今天我们分享了最难忘的那份礼物，分享了礼物背后的那个人，那个故事，那份深情。关于礼物，我们应该把视野拓展出去，看向社会，看向国家。我们一起来看这一组图片：马上要过春节了，第一张图片，在外打工的游子肩上扛着一大箱特产，你们觉得可能是送给谁的？

生：送给父母、送给家人。

师：是啊。那是给亲人沉甸甸的礼物。第二张图片：疫情期间，我们居家学习、努力奋斗，这是献给父母和青春最好的礼物；第三、四张图片：中国提出的“一带一路”“青蒿素”的研制成功、新冠肺炎疫苗大面积接种等，这些都是我们中国献给世界的珍贵礼物……

师：其实今天你们也送给了老师一份礼物，那是发生在你们身上的这些动人的故事、真挚的情感和纯真的心。请同学们下节课以《礼物》为题完成一篇不少于600字的作文。下课。

（山东省济南市济微中学　党晓雪）
（备课团队：秦丽、燕志华、王茜、张金鑫）

视角独特绘景物　融入深思悟内涵

——《学写游记》设计解读及教学实录

教材解读与目标确定

学写游记，首先要了解统编版初中语文教材第五单元的单元教学目标。本单元选取了四篇游记，几篇游记所写的景物各有特点，或雄浑壮美，或奇绝险远，或威严瑰丽，或纯净自然。写法更是各具特色：《壶口瀑布》视角独特，展现了黄河壶口瀑布的奇景，既有整体关照，又有细节描摹；《在长江源头格拉丹东》一文作者叙写了游览冰塔林的经历，生动地表现出置身于这些难得一见景物中的独特的身心感受，语言并不华丽，却很能打动读者；《登勃朗峰》中作者先以散文笔法写登山过程中所见的勃朗峰景色，后以小说笔法写匪夷所思的登山过程；《一滴水经过丽江》串起了丽江的景物与建筑、人文与地理、历史与现实，写法独特美妙。

同时，这几篇游记又都传达出作者对人生、生命的某种感悟与思考。在游历欣赏的过程中感悟人生是游记的一种常见写法。

本单元的学习目标是学生熟悉游记的写法和多样风格，品味游记语言，体会作者情感。因此我们在游记单元作文教学时，可将学习目标确定为如下。

1. 根据游踪和自身体验，合理安排游记的写作顺序。

2. 能够多角度观察生活，抓住景物特点进行多角度描写。

3. 在记叙、描写的基础上，适当运用议论、抒情表达自己的情感和思考。

写好游记不是一件容易的事。按照游览路线依次写，往往抓不住重点，容易写成“流水账”。仅突出主要景点或者场所的描写又常在感情表达上缺乏个性。

好的游记可兼具山川景物、名胜古迹、风土人情、社会生活四个维度，抓住景物的特点，对景物、人文历史、风土人情进行有个性的描写。通过对景物的细节描写，借景抒情，或感叹自然之奇妙，或抒发思想情怀。

因此，《学写游记》写作指导课的教学重点是：发掘新颖别致的视角写景，抒发独特的思想和感情。

教学重点与能力生长点

在教学中要基于学生游记写作的起点和难点。在教学之前，可对学生进行游记写作情况调研，基于学生游记写作的起点和典型问题进行剖析，明确游记写作教学中学生能力增长所需和难点，主要可从以下四个方面指导学生写作。

1. 细心观察，手写心记。游记的写作犹如蜜蜂采花酿蜜，素材主要来源于游览见闻。要抓住有特色的景观和对表达中心有重要作用的事物进行细心观察。世界上没有完全相同的两片树叶，事物的特色都是在比较中显示出来的。游览过程中我们要善于运用比较的方法，捕捉眼前的景物的独特之处。在游览过程中可以心记手写，可以拍照记录，也可以归来后查阅有关资料，以保证写作内容的丰富充实。

2. 依据中心，决定取舍。旅途见闻丰富多彩，但是不可能全部都写进文章里。下笔前首先要理一理自己的思绪，想一想本次游览的主要感受是什么，确立一个中心，然后决定哪些内容详写，哪些内容略写，哪些内容不写。首先要选取新颖有趣的内容，还要选取有个性、有地方特色的材料，特别是那些与人文和历史相关的景物和素材。重点记录它们，不仅能使你的文章主题鲜明，中心突出，而且更有文化内涵，从而具有社会价值和文化价值。

3. 紧扣游踪，疏密有致。游记的内容往往多而杂，怎样才能做到清晰而不繁乱？最常用和最简便的方法就是移步换景。即以游踪的变化为线索，随着时间的推移和地点的转换完整有序地写出重要的游览过程。当然也要避免写成一本“流水账”或一幅游览路线图。所以，写作中要用浓墨重彩突出重要的内容，跳出一般性的过程交代，使整篇文章成为几个主要景点的有机组合体。为了使这个组合体结构匀称，我们还要运用一些穿插的技巧，将与景点有关的资料、数据等内容通过游览者的交谈或引用等方式适时介绍。这样就可以调整文章的结构，既消除“臃肿肥胖”，又不会显得“面黄肌瘦”。

4. 写好景物，注入感情。古人云：文章是案头的山水，山水是地上的文章。描写名山秀水是游记的重头戏，写好的关键是注入自己的真感情。“案头的山水”绝不仅仅是自然山水的反映。作者游踪所至，美景在目，心有所感，形诸笔墨，往往物中有我，景中见情，不仅写出山水的蓬勃生机和无穷妙趣，还能含蓄蕴藉、意味隽永地把作者的人生理想表现出来，达到直抒胸臆、情景交融的效果。这才是游记作品的核心要义。当然这不是一日两日练就的功夫，“好笔头”要靠长期的反复磨炼。

学习方法与教学策略

本节课主要培养学生的游记写作能力，旨在培养学生在写游记时学会观察，描写自己独特的游历体验，抒发与众不同的感悟。以统编版初中语文教材中八年级下册第三单元《小石潭记》《桃花源记》以及第五单元《壶口瀑布》《在长江源头格拉丹东》《登勃朗峰》《一滴水经过丽江》几篇文章为例，采用讨论法分析文章的写作手法，掌握写作核心要素后进行写作实践。在写作实践中进行交流提升，采用写中提升，提升后再写的作文教学策略，实现源于学生认知、提升学生认知的教学目标。

具体教学环节

1. 导入新课。

师：同学们，每个人都有属于自己的“诗与远方”。追逐诗与远方是我们共同的梦想。当身体和心灵行走在山水田园之间时，我们看到的不仅仅是风景，油然而生的还有对大自然的赞叹和敬畏，对风土人情的感染和感动，对历史人物的感叹和敬佩，对生活和人生的思考和领悟……请同学们准备好纸和笔，今天就让我们一起学写游记。(教师板书课题：学写游记。)

2. 认识游记。

(课件出示：什么是游记。)

师：首先我们要明确什么是游记。游记是记述游览经历的文章，是以真实的游览见闻和感受为题材的记叙性散文。游记的写作应该是真实的写作，记录和抒写的是真实的景物和真实的情思。(教师板书：景物、情思。)

师：我们已经阅读了第五单元的一组课文，大家想必已经明确了游记的要素，我们一起来回忆一下。

生：游记的三要素是所至、所见、所感。

(教师板书：所至、所见、所感。)

师：你把握住了游记的核心。其他同学能不能再说说?

生：游记需要记录游踪，可以用移步换景的顺序来写。

生：除了移步换景，我认为还可以定点观察。例如《壶口瀑布》，就是采用定点观察的方式写了壶口瀑布枯水期和丰水期的宏伟气象。所以，我们也可以写一处景物不同时间下的状态。比如写春天的红叶谷、秋天的红叶谷。

生：我再补充一点。定点后，我们可以对景物进行多角度观察：仰视、俯视、远观、近观、特写等。

师：你们补充得很好。

生：我们还可以用把自己的各种感官都调动起来，充分地、细致地观察才能获得更全面的感受和更深刻的认知。

师：这是我们游记中细节描写部分重要的写作方法。你给大家分享的写作经验特别宝贵。景物描写是游记中的重点部分，游记中的感情就是通过景物描写建立起来的，写好景物才能为感情的抒发和思考的表达奠定好基础。

【屏显】多角度、多感官写好景物。

3. 列写提纲。

师：刚才我们了解了什么是游记和如何写好景物的具体方法。下面我们就一起来进行写作练习。上周我们已经以写作小组为单位，去大明湖进行了一番游历。同学们或拍照或记录，对大明湖进行了细致观赏。下面，让我们依然采用小组合作学习的方式，对本组上周游历所见进行梳理，先完成游记写作提纲，然后我们再进行讨论和交流。

<table>
<tr><td>游览地点</td><td colspan="2"></td></tr>
<tr><td>所至
（游踪）</td><td colspan="2"></td></tr>
<tr><td>所见</td><td colspan="2">观察角度：________________
细节描写：________________
____
____
________________</td></tr>
<tr><td rowspan="2">所感</td><td>触发
情感</td><td></td></tr>
<tr><td>引发
思考</td><td></td></tr>
</table>

（学生独立完成提纲，然后小组交流，教师巡视点拨。）

师：同学们写得很认真，交流得也很热烈。大明湖已然在大家的笔下风景如画了。下面，我们以小组为单位进行汇报。同学们可以根据提纲表格朗读本组推荐的作品。

生：我代表我们小组进行汇报。我们游览大明湖的游踪是：西南大门——长廊——白桥——北门。

师：长廊，具体在哪个位置？

群生：就是有很多老人练书法的地方，那里还有练习太极拳的。

师：哦哦，看样子是网红之地呀，老师落伍了。请问你们为什么选择这几个地方作为观察点？

生：我们选择西南门，是想从空间上写大明湖，因为这里更开阔，既可以由远及近写碧绿的水、岸边的柳、荷叶红花，还可以近观察水中游鱼。我们组小艺同学有这样一段描写，与大家分享。

从西南门进入，往右一拐，便与大明湖碰了个正面。天是黑的，月亮也遮住了脸，只能远远望见一片朦胧的云彩，映在水中。若不是有船在湖面滑行，你怎能辨别出水与天呢？两岸上都种着柳树，风一吹，柳枝轻微一动，点蘸着深绿色的湖水，泛起一阵阵涟漪。无风了，水边又恢复了平静。

师：这段文字诗情画意，空间广阔，高低相和，远近相生，动静皆宜，仿佛让我们置身于明湖晚霞中，静谧惬意。谢谢你们组的分享。

师：景物描写是情感的载体，你们选取了这个观察角度主要想表达怎样的感情呢？

生：我们选取的几个景物中，刚才分享的那个片段是略写。我们打算详写的是长廊部分，想通过对人文景观的描写展示我们济南人的淳朴恬淡和对文化生活的热爱。我们组润琦的细节描写抓住了老人练毛笔字和练琴两个细节。

一位老先生拿着一支毛笔，在地上的方砖上写起诗来。他把这湖畔上的朱红方砖当成了田字格。“墨水”没了，他就徐徐走到满是荷叶荷花的池边，俯下身来，用笔轻轻一蘸，笔尖带着香气，继续行云流水地在方砖上舞动。我们走近细看，那“历下此亭古，济南名士多”的行楷字刚健有力，令人叫绝。他是在用明湖的春水书写着济南的文化。

旁边还有一个小艺术团，几位鹤发童颜的老人聚在一起，有的拉着二胡，有的和乐唱着京剧，咿咿呀呀地唱腔讲述着古老的故事。我们虽然听不太懂每句戏文，但是能看懂他们的沉醉与痴迷……

（读完后，学生们自发鼓掌。）

师：写得真好！你们的文字让我们读出了济南人家常生活中的诗意。

生：我们组的选点在“桥上”，我们想用湖边柳来表现大明湖的历史变迁。我们是这样写的——

硕大的湖，曲曲折折的水的两岸架起一座座石桥。连接了此岸与彼岸，也连接了这边与那边，让人可以在水之上听脚下碧水潺潺。有一座桥名曰玉带，左边是宽阔的湖面，右边是一孤岛，岛上有棵姿态奇特的老树。这棵树长得盘曲嶙峋，形态上毫无规律。和周围笔直的树木为伍，它显得非常独特。没有白杨的笔直，没有柳树的柔美，它的外形甚至可以用丑陋来形容。就是这么一棵树，在明湖水的映衬下也变得魅力十足，它的虬枝充满坚韧不屈的倔强。许是风吹雨打、电闪雷击让它变得面容不堪，但是，有脚下明湖水的滋养，根却坚韧，枝也遒劲，叶也油亮，花也灼灼。我们不禁感慨，这明湖的水可以抚平多少伤痛，注入多少力量啊！济南人的坚强质朴，是不是也如这树，得了明湖水的滋养啊！

（读完后，学生们再一次自发鼓掌。）

师：感谢你们小组的分享。这个小组前期做足了功课，不仅观察细致，更抓住独特的景物进行了侧面描写，用一棵树的坚强独立烘托出明湖水的湿润，进而写到了济南人的精神。体验和思考都很独特，值得大家学习借鉴。这种由物及人的写法能让主题的表达更深刻。《壶口瀑布》正是用到了这种写法。

4. 提升主题。

生：第一组观察得很细腻，写出的文字也特别富有诗意，但是我们总感觉有点散，尤其是在感情的表达上。我们认为习作的主题就是对大明湖的喜爱和赞美，未免有点浅显。我们组的疑惑是如何让主题更深刻。

师：是的，你们组提出了一个很有思考价值的问题。通过学习第五单元的游记，我们发现游记作者的感情通常是多元的，感情浓郁但不止于感情，还常常有自己的思考和感悟。如何选取更有价值的景物写出情感以外的思考呢？我们可以小组讨论，畅所欲言。

（学生自由讨论。）

师：请同学们发表一下自己的见解。

生：我们小组讨论的结果是：游记感情多元但情怀是统一的。例如《小石潭记》的作者就把景物和自己的命运有机地结合在一起。

师：是啊。柳宗元心中有对自己被贬谪的种种忧郁，但忧郁的背后是为国为民的情怀，还有寄情山水乐以忘忧的旷达。把景物和自己的情怀结合在一起，让主题更深刻了。（教师板书：人文情怀。）

（学生点头，有所领悟。）

生：老师，我们组选取的观察点在“夏雨荷景点”。

（学生笑。）

师：从同学们的笑声中我很想知道你们写了啥。

生：这是我们组的创意，想加入历史元素，丰厚大明湖的历史文化。我们组明月同学是这样写的——

秋千上，一个小女孩穿着旗袍在开心地照相——这是为夏雨荷而设的新景点。听说有不少人来游大明湖，为的就是那句“你还记得大明湖畔的夏雨荷吗”。这个名字，又成了多少人心中解不开的情结。济南自古是个平凡朴素的城市，唯一能与皇帝有些许联系的大概就是乾隆与夏雨荷的爱情故事了吧。这段凄婉的故事为大明湖平添了几分浪漫色彩，也增加了几分魅力。

师：你们组能在自然风景中发现历史文化的写作素材，这一点值得大家学习。但是，有一点大家忽略了。作为济南人，我们应该知道大明湖之“大”不仅因它的水面辽阔，更因其丰厚的历史文化，它是名副其实的“大名”湖。有很多历史名人，很多的历史故事与这方湖水有关。大家通过游历考察应该有所了解吧？我们一起梳理一下。

生：我们组乘船来到历下亭。这座亭子位于湖中岛的中央，有八个柱子，檐角飞翘，亭深空透。亭子檐下悬挂着乾隆皇帝所写匾额“历下亭”，红底金字在阳光下熠熠生辉。我们查阅了一下资料，这里是自古名士聚会的地方。我们想通过写亭的外形，到写亭的历史渊源，再现名士相聚的场景，最终写济南名士的雅韵风骨，以深化游记的主题。

生：我们去了铁公祠。铁公祠并不显眼，它位于雨荷亭旁。我们去的时候，看到雨荷亭那儿聚集了很多人，但是很少有人注意到铁公祠。这个祠堂坐北朝南，面对波光粼粼的湖面，朱红色大门，旁边有个回廊。祠内有铁铉的铜像，形象高大，目光炯炯。我们查阅资料得知：铁公名为铁铉，是明代镇守济南的大将军。当时燕王朱棣南下争夺皇位，兵至济南时，铁铉在大明湖南岸誓师，抵抗燕军，几次挫败他们。我们想在作文中运用想象，还原当时的战争场景，还原铁铉的英勇，结合对湖水的描写，情景交融，赞美铁铉的铮铮风骨。

生：我们参观了稼轩祠。辛弃疾可是地地道道的济南人。在大明湖南岸有一座稼轩祠，去游历前，爸爸告诉我："你们一定要去稼轩祠看看。"我们小组几位同学就特意去了一趟。我们拍了很多照片，这样写作时就可以再一次细致观察，对照着写，一定能写得更精准。我还想重点描写辛弃疾的塑像和门前匾额上的对联，再从对联写到他的生平，最后借用学过的词作浓墨重彩地赞美辛弃疾的家国情怀。

……

师：你们的选景和写作思路都特别好！如果在游记中加入这些历史文化的元素，你们的文章将拥有更为深刻和丰厚的主题。这些最能代表济南精神、济南风骨、济南气象的历史人物和名胜古迹随隐于山水之间，但绝对值得我们去实地溯源，专门拜谒，用心感受。自然景物常常与人文历史相得益彰。旅途中，我们不仅要关注山水之美，更要关注人情之美和文化之美。（教师板书：历史文化。）

真正的风景不仅是自然风光、草木生灵，还有人文景致和历史文化，这一切共同构成了永恒的风景。身边有无数风景，远方有更多风景，等待我们去游历，去观赏，去品读，去书写。你的文字，就是你的所见；你的文字，就是你的所感；你的文字，就是你的所思。一篇好的游记是由所见——所感——所思三个要素构成的。希望通过这节课的学习，你们的笔下能流淌出更美的景、更真的情，写出属于你们独有的那份思考。

下节课我们进行游记的写作，题目是——《最美的风景》。好，下课。

（山东省济南市济微中学　张金鑫）

（备课团队：秦丽）

后记：为学生的生长而教

林清玄的《桃花心木》中有这样一段话：种树的人说——种树不是种菜或种稻子，种树是百年的基业，不像种青菜几个星期就可以收成。树要自己学会在土里找水源。我浇水只是模仿老天下雨，老天下雨是算不准的，它几天下一次？上午或下午？一次下多少？如果无法在这种不确定中汲水生长，树苗自然就枯萎了。但是，在不确定中找到水源，拼命扎根，长成百年大树就不成问题了。

这段文字道出了树木生长的三重特性：个体性——种树不是种菜或种稻子；自主性——树木自己要学会在土里找水源；生成性——在不确定中找到水源。

种树是这个道理，育人不也一样吗？教育即生长。生长是生命体在自然状态下通过自我发育，一步步走向成熟的过程。教育的目的是促进学生的生长，为学生的生长而教，让其生长为活生生的、完整的人。从这个角度讲，教育的本质是树人。

叶澜说过，教育是直面人的生命、提高人的生命、为了人的生命质量而进行的社会活动，是以人为本的社会中最凸显生命关怀的一种事业。从这一层面上说，生长更侧重在精神层面，即“精神生长”。实现人的生长，尤其是促进人的精神自然的、和谐的生长才是教育的终极意义。

语文学科承载着工具性与人文性的双重功能，培育的是学生语言文字运用能力和精神的生长发育。文以载道，教诗性、美好、正大、端然的语文，因为语文课堂承载的不仅是知识，更有精神。每一篇课文其实都应该成为学生思想的种子，语文课应该因为语言文字传达出的这种精神而温暖灿然。

我们倡导的语文课是为学生的生长而设计的。我们的语文课应拒绝在“肤浅处滑行”，要向文字深处和情感深处漫溯，让学生实现语文经验和人生经验的共生共长。有难度和深度才会让学生敬畏、谦卑，课堂的深度才会成就学生生命的厚度。深度学习的课堂可能有一点儿难度，但这样可以让学生用仰望的角度去看待语文，去阅读经典。深度学习，对语文教学而言，不是一个答案，而是目标和追求，是路径和选择。我们倡导的语文课要引导学生家事国事天下事事事关心。语文教师是一扇窗子，学生们通过我们去认识语文的世界，我们要为学生打开视野的窗、格局的窗。我们倡导的语文课，要通过单元“1+1”课程引导学生多读文章多读书，做一个正大光明的读书人。书籍可以给人以幸福和温暖，书籍可以让一个人的精神不再匍匐。学生精神家园的构建需要我们教师用课程去构建。

做了八年语文教师，十六年区语文教研员，二十四年的从教经历告诉我：教师是一种情怀，教研员是一种责任。不忘初心，砥砺前行。和这样一句话相遇，契合了心声——与一群志同道合的人，一起奔跑在抵达理想的路上，抬头有清晰的方向，低头是坚定的脚步，回头有一路的故事。

抬头有清晰的方向

作为语文教师，作为教研员，我一直有梦想。

我梦想，学生们拥有诗情画意的语文课堂，拥有丰富多彩的语文活动。

我梦想，我们的语文教师一边教书，一边读书，一边幸福。

我梦想，我们的学生都是小“五一居士”。

梦想美丽，需脚踏实地；目标高远，需孜孜以求。

低头是坚定的脚步

这些年来，我们经历了教研的转型。实践告诉我们，只有走课堂改进与课程建设的教研之路，才能离目标更近。槐荫区初中语文学科这几年的教研之路，走过了学科规范教学改进的1.0版和“单元整合背景下学生读写能力提升研究”

的2.0版。近年来，语文深度学习及“1+1”课程开发3.0版的研究正稳步走向深处。

感谢济南市教育教学研究院领导、专家，特别是初中语文教研员齐好芝老师的高位引领。感谢槐荫区教体局领导高屋建瓴地擘画区域教研发展方向、指导学科教研前行。感谢全区十七所初中学校领导对语文学科建设的鼎力支持。

感谢语文教师们的同心、同德、同向、同行。我们成立了“槐荫区初中语文学科深度学习研究工作室”“槐荫区初中语文首席教师团”“槐荫区全域单元集体备课组”。核心骨干教师作为“排头兵”积极开展深度学习的课堂研究，并进行区本化、校本化的实验创新，通过教材全覆盖式的集体备课和时间探索，最终形成了适合我区语文深度学习的基本理论框架和实验模型，为全区各校实施语文深度学习提供了理论支撑和实践指导。

感谢全区语文教师们，你们怀教育大爱，以责任心和使命感为学生的生长而教，积极践行语文深度学习和“1+1”课程，让学生在语文课堂上实现了更好的成长，在课程学习的体验和经历中逐渐明晰了自己成长的动力和方向，让学生在深度学习的语文课堂中遇见更好的自己。

回头一路有故事

“汉字听写大赛”“槐荫学子评书三国”“槐荫区小作家作文竞赛”“读书达人秀”，每年如期举行的语文学习活动给一届届学生留下了难忘的青春印记。

深度的理解、精辟的观点、斐然的文采，语文课堂上学生们的发言精彩纷呈。希望，就这样生长；成长，就这样发生。

每个孩子都是家庭的希望，好成绩会助力他们飞翔。近几年，槐荫区初中语文学考合格率达到92%以上，优秀率到60%以上。

茁壮成长的还有我们的教师。近年来，我区16人获省优质课、省优课一等奖；32人获市优质课、市优课一等奖；3人当选市名师，15人当选区名师。集体备课时教师们的真知灼见智慧满满、创意无限，更有一节节家常好课让人啧啧称赞、回味无穷。

让生长在课堂上发生，让教师上出更多好课，这个理想正在真实发生。

回头有一路的故事，这故事里最值得珍藏的是友谊！

如果愿意，每个人都会拥有自己的一轮明月。月光中，寻梦，撑一支长篙，向青草更青处漫溯。

2021 年 3 月于济南